KB198814

컨셉 센스

일러두기

- 이 책의 원서는 2024년 일본에서 출간되었으며, 일본 현지의 사례가 다수 포함되어 있습니다.
- 'concept'의 경우 규범 표기는 '콘셉트'이나, 이 책에서는 편의상 '컨셉'으로 표기했습니다.
  이 외에도 일부 외래어는 관례로 굳어진 표기를 따랐습니다.
- 단행본은 『』로, 영화, TV프로그램, 게임, 만화 등 작품명은 「」로 표기했습니다.

SENSE of

컨셉 센스

정답이 없는 시대에 답이 되어줄
빛나는 감각 발굴하기

요시다 마사히데 지음 ㅣ 지소연 옮김

시그마북스
Sigma Books

CONCEPT

컨셉 센스

발행일 2024년 12월 19일 초판 1쇄 발행
지은이 요시다 마사히데
옮긴이 지소연
발행인 강학경
발행처 시그마북스
  Sigma Books
마케팅 정제용
에디터 양수진, 최연정, 최윤정
디자인 김문배, 강경희, 정민애

등록번호 제10-965호
주소 서울특별시 영등포구 양평로 22길 21 선유도코오롱디지털타워 A402호
전자우편 sigmabooks@spress.co.kr
홈페이지 http://www.sigmabooks.co.kr
전화 (02) 2062-5288~9
팩시밀리 (02) 323-4197
ISBN 979-11-6862-306-4 (03320)

이 책에서 모두에게 가장 전하고 싶은 내용은 '컨셉 구문'이다.

시험 삼아 아래 컨셉 구문의 빈칸에 이 책의 컨셉을 채워 넣어보았다.

앞으로 세상을 살아갈 우리 는 사실은

좀 더 자신이 느끼는 위화감을 부정하지 않고 일과 인생을 마음껏 즐기고 싶지만

비즈니스 세계 의 상식인

'제대로 해야 한다'는 압박 은 그 점을 간과하고 있다.

그러므로 이 기획은 '이곳이 아닌 어딘가'라는 위화감에서 출발하는 책 이라는

컨셉으로 위화감과 현실의 틈을 좁히기 위해 새로운 기획을 내놓는 감성(=컨셉 센스) 을 제공한다.

이를 통해

컨셉 센스를 지닌 사람으로 가득한 비즈니스 세계 를 디자인해

주위의 압박이나 분위기를 신경 쓰지 않고 개성과 창의성 넘치는 기획이 결실을 맺는 사회의 실현을 꿈꾼다.

어떤 의미에서는 이 구문에 모든 내용이 담겨 있다고 할 수 있다.

왜 컨셉 구문이 중요할까? 컨셉 구문을 어떻게 사용하면 될까?

다음 페이지부터 차근차근 읽어보자.

그 위화감이 컨셉의 출발점이 된다
— 머리말을 대신하여

이 책은 '기획에 관한 책'이다. 참신한 아이디어를 내놓고 싶다, 팀원 모두와 힘을 합쳐 원활하게 프로젝트를 완성하고 싶다, 상사나 거래처의 승인을 얻고 싶다, 그리고 지금보다 더 나은 세상을 만들고 싶다……. 기획을 하는 사람이라면 한 번쯤 떠올릴 만한 바람에 부응하기 위한 책이다.

그렇다고 해서 새로운 상품이나 서비스 제작을 직업으로 삼은 이른바 '기획자'나 '크리에이터'만을 위한 책은 아니다. 더 넓은 의미에서 무언가를 '꾀하고' '계획하는' 모든 사람에게 전하고 싶은 책이기도 하다.

사람은 어째서 기획을 할까?

기획의 '기(企)'라는 글자는 사람(人)이 멈춰(止) 서서 먼 곳을 내다본다는 뜻의 한자들로 이루어져 있다. 당장 눈앞에 있는 것만으로는 도달할 수 없는 미래를 내다보려 하는 마음. 이 글자에는 그런 의미가 담겨 있다. 그렇게 생각하면 '기업(企業)'이란 어떻게 현재 상황의 단순한 연장선이 아닌 미래를 내다보고 실현하는 일을 업으로 삼느냐가 존재 의의이며, '기획(企劃)'이란 오늘의 연장선이 아닌 미래를 내다보고 더불어 어떻게 실현하는가를 가리킨다고도 할 수 있다.

요컨대 인간은 '지금 자신이 처한 상황을 바꾸고 싶어서' 기획을 하며, 그렇게 변화하기를 바라는 이유는 '이곳이 아닌 어딘가'에 대한 갈망을 마음 한구석에 지닌 생물이기 때문이다. 기획 자체가 직업이 아니더라도 마찬가지다.

"이번 연말연시에는 평소랑 다른 방식으로 색다르게 휴일을 즐겨보고 싶어."

"이대로라면 가까워지기 힘들 것 같은데, 그 사람이 나를 돌아보게 할 수는 없을까?"

"요즘은 성과도 썩 만족스럽지 않고 커리어를 완전히 바꿔보고 싶은데 어떻게 하면 좋을까?"

'현재 상황의 연장선이 아닌 미래'를 어떻게든 현실로 만들고자 하는 마음이야말로 기획의 시작이다. '이곳이 아닌 어딘가'를 바랄 때 사람은 기획의 출발점에 선다.

하지만 골치 아프게도 실제로 어떻게 하면 성공한 기획이 되는지 애매한 경우가 많다. 뭔가 좀 더 새롭게, 지금 이대로는 싫으니까 어떻게든 다르게, 잘은 모르겠지만 우선 지금의 연장선 위에서 벗어나도록. 그런 마음이 가장 먼저 가로놓여 있다는 것이다.

"상사가 새로운 걸 하라고 하는데, 뭐부터 손을 대야 할지 모르겠어."

"지금은 보람도 의미도 없어. 좀 더 즐겁게 일하려면 어떻게 해야 할까?"

"비즈니스 환경이 너무 급격하게 변해서 미래가 불안한데, 참고할 만한 지침도 없네."

특히 직장인이나 경영자에게 뚜렷하게 나타나는 현상이다.

따라서 '이곳이 아닌 어딘가'에서 '어딘가'란 어떤 곳을 뜻하는지 통찰하는 것이 기획의 첫 번째 핵심이자 가장 큰 핵심이다.

그래서 컨셉이 필요하다.

컨셉이란 기존 사회의 '당연한 상식'이 빠트린, 사람들이 아직 자각하지도 채우지도

못한 욕구를 충족하고 이상적인 사회에 지금보다 한 걸음 더 다가가기 위한 '제안의 방향성'이며 아이디어 창조의 원천이자 기획의 골자다.

컨셉을 시작점으로 삼으면 '이곳이 아닌 어딘가'가 대체 어디인지 자신의 마음속으로 그리고 다른 사람과 함께 같은 그림을 떠올릴 수 있다. 또한 기획의 질과 추진력 같은 다양한 변수에 좋은 영향을 줄 수 있다. 한마디로 "컨셉을 다스리는 자가 기획을 다스린다!"라고 말해도 과언이 아니다.

이 책에서는 컨셉을 출발점으로 세상을 바라보고 기획을 생각하고 다른 사람과의 관계를 구축해나가는 감성을 '컨셉 센스'라고 부르며 그것을 터득하는 방법을 알아본다.

컨셉 센스는 내가 만든 말이다. 디자인 센스, 패션 센스, 음악 센스 같은 말처럼, 단순히 지식을 머릿속에 집어넣기만 하면 되는 영역이 아니라 그 사람의 감성과 가치관, 경험을 모두 동원한 행위라는 의도도 담고 있다.

다만 '타고난 재능처럼 스스로 어찌할 수 없는 부분'이라는 뜻이 아니라, 오히려 반대로 '어떤 사람의 가치관이든 컨셉을 낳는 감성으로 변환할 수 있다'고 본다. 그게 정말 가능한가? 나도 할 수 있을까? 그런 궁금증에 앞으로 차근차근 정성껏 답해보려 한다.

인사가 늦었지만, 내 이름은 요시다 마사히데다.

평소에는 대형 광고대행사에서 젊은 세대들과 함께 다양한 기업 공동 프로젝트를 진행한다. 한편으로는 시대의 흐름과 세상의 분위기를 읽고 경영자들과 함께 다양한 기업의 미래를 만들어나가는 일을 한다.

기업의 존재 의의 설정과 실제 활동에 대한 반영, 젊은이의 새로운 감성을 적용한 컨셉 세우기, 크리에이티브한 조직으로 변화하기 위한 지원 등 기업과 개인이 스스로 변화를 꾀하는 컨셉 체질을 터득하도록 힘써왔다.

  이 책은 나의 경험을 아래의 세 가지 관점으로 집약하고, 거기에 독자 여러분처럼 '미래가 불투명해 이곳이 아닌 어딘가가 어디인지 도통 내다보기 어려운 시대'를 사는 한 사람으로서 개인적인 생각을 더해 집필했다.

'이곳이 아닌 어딘가'를 누구보다 갈구하면서도 가장 고민이 많은

젊은 세대를 연구해온 '젊은이의 관점'

'이곳이 아닌 어딘가'를 주의 깊게 살피며 많은 사원과 사업을 이끌기 위해

날마다 고심하는 경영자와 발맞춰 달려온 '리더의 관점'

각기 다른 '이곳이 아닌 어딘가'를 마음에 품은 사람들의 집단,

즉 조직을 하나의 방향과 변혁으로 이끌며 기업의 미래를 만들어온 '조직의 관점'

  기획을 받아들이는 '상대 또는 고객'도 이곳이 아닌 어딘가를 바란다.

  기획을 구상하고 실행하는 '자신 또는 기업'도 그런 바람에 부응해 세상을 이곳이 아닌 다른 곳으로 발전시키기를 원하며, 동시에 자신들도 이곳이 아닌 어딘가로 갈 수 있기를 꿈꾼다.

  이 책은 한 치 앞도 내다보기 힘든 시대임에도 '이곳이 아닌 어딘가'란 어떤 곳인지 헤아리고 기획을 성공시키기 위한 토대, 즉 감성을 기르는 법을 알려준다. 단순히 노하우를 알려주는 데서 그치지 않고 이른바 운영 체제와 같은 기반에 꼭 필요한 기획에 대한 관점까지 짚어준다.

  내일 아침 회의부터 올해 여름휴가 계획까지 온갖 기획으로 고민하는 사람

이라면 꼭 읽어보기를 바란다. 실제로 능력, 재능, 성격 탓이 아니라 그저 '컨셉으로 대상을 포착하는 데 서툰' 탓에 개인과 회사의 가능성이 낭비되고 있을지도 모른다. '이곳이 아닌 어딘가'로 가야 한다는 분위기가 짙은 이 시대에 모든 개인과 회사에게 보내는 응원인 셈이다.

둘러보면 세상은 "우리가 가야 할 '이곳이 아닌 어딘가'란 바로 저곳입니다!"라고 외치는 듯한 멋진 컨셉으로 가득하다.

직접 만나러 갈 수 있는 아이돌, 제3의 장소, 밖으로 나가고 싶어지는 스마트폰 게임……. 그 밖에도 다양한 컨셉은, 세상에 낮게 드리운 '이곳이 아닌 어딘가'에 대한 갈망에 새로운 제안을 던지고 사회를 조금이지만 현재의 연장선에서 벗어난 각도로 이끌었다.

- 요리사가 생각하는 레스토랑의 컨셉

- 작가가 생각하는 이번 소설의 컨셉

- 예술가가 생각하는 개인전의 컨셉

- 교사가 생각하는 이번 학기 수업의 컨셉

- PD가 생각하는 다음 특집 방송의 컨셉

- 연구자가 생각하는 연구 주제의 컨셉

- 경영자가 생각하는 다음 경영 전략의 컨셉

- 취업 준비생이 생각하는 구직 활동의 컨셉

- 밴드가 생각하는 다음 앨범의 컨셉

- 시장이 생각하는 미래 도시 계획의 컨셉

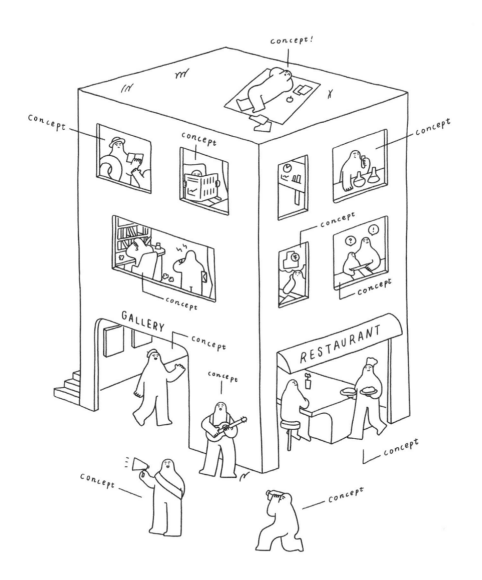

- 아버지가 생각하는 올여름 가족 여행의 컨셉

- 어머니가 생각하는 자녀 교육 방침의 컨셉

......

먼저 1장에서는 '지금 컨셉이 중요한 이유'를 시대 배경과 사회의 상황을 통해 살펴본다. 이어서 2장에서는 '컨셉이란 무엇이며 우리에게 무엇을 가져다주는지' 구체적인 사례와 함께 자세히 들여다본다.

그리고 3장에서는 드디어 이 책의 열쇠인 컨셉 구문을 통해 '컨셉의 구조'를 깊이 생각해보고, 4장에서는 '실제로 컨셉을 가려내는 기술'을 깊이 파헤친다.

5장에서는 '컨셉을 만든 후에 해야 할 일'에 대해 알아보고 나머지는 독자 여러분에게 맡기고자 한다.

'이곳이 아닌 어딘가'라는 느낌은 새로운 미래를 만드는 출발점에서 반드시 맛보게 되는 위화감이다. 결코 현재 상황에 대한 불평이나 현실 도피가 아니라, 사회에 새로운 제안을 던지고 자신의 인생을 기존의 고정관념 바깥으로 끄집어내는 계기가 되는 감정이다.

이 책을 손에 든 당신의 감정을 소중히 간직한 채 읽어보기를 바란다. 이제 '이곳이 아닌 어딘가'로 즐겁게 출항하기 위한 나침반을 함께 만들어보자.

젊은 친구들이 객관적으로 표현한
이 책의 '본질적 가치'

이 책을 집필할 때 내게 힘을 빌려준 몇몇 이들에게 먼저 내용을 공개했다.
그들이 들려준 의견과 느낀 점을 일부 소개하고자 한다.

컨셉은 역시 중요하다고 생각하면서도 저 자신의 삶에서도, 일을 하며 대화를 나눌 때
도 실천하기가 쉽지 않았습니다. 그런데 이 책은 서식과 그림 덕에 내용을 쉽게 정리할
수 있어서 앞으로 일을 할 때 큰 도움이 될 것 같습니다. 함께 일하는 동료에게도 이 책
의 내용을 보며 설명하면 좋을 것 같고요.

한 친구가 얼마 전 술집을 오픈했는데, 뭘 어떻게 할지 몰라 고민하고 있는 듯했습니
다. 그 친구에게 문제를 돌파하는 데 도움이 될 책을 찾았다며 추천하고 싶습니다. 그
뿐만 아니라 하고 싶은 일은 잔뜩 있는데 뭘 토대로 자신을 내세워야 할지 몰라 **퍼스널
브랜딩 때문에 고민하는 프리랜서에게도 자신의 목표를 명확하게 만들어줄 사고법이
담긴 책이라고 권하고 싶습니다.**

원시인에게 불이 놀라운 도구였듯이 컨셉 사고는 현대를 살아가는 이들에게 꼭 필요
한 도구가 아닌가 싶습니다. (나미히라 유키노, 디자이너, 20대)

메밀국숫집의 나폴리탄 스파게티, 디즈니랜드의 '캐스트'라는 명칭, 카피라이터 이토이
시게사토의 말 등 책 속에 소개된 일화들이 무척 재미있었습니다. "두드러지다"나 "굳
어지다" 같은 단어 선택도 절묘하다고 느꼈고요. 알기 쉬우면서도 한 번만 들어서는 제
대로 이해하기 힘들 것 같은 말도 깊이 이해가 되었습니다.

그중에서도 BIV-C라는 사고법은 특히 인상 깊었습니다. 선입견과 인사이트의 시야
를 넓히는 세 가지 축은 지금 당장이라도 실무에 적용할 수 있을 듯하고요.
한마디로 '아이디어와 새로운 생각이 필요할 때 지침이 되어줄 책'입니다.

(시바타 겐토, 광고업, 20대)

새로운 컨셉이 필요한 사람뿐만 아니라 뭔가 부족하다고 느끼는 사람에게도 많은 깨달음을 주는 책입니다. 가려운 데를 긁어주는 책, 고정관념이 사라지는 책, 답답함이 없어지는 책, 지침이 생기는 책, 누군가를 흉내 내는 게 아니라 자신만의 차별성이 생기는 책이라고 소개하고 싶어요.

중요한 건 작업 그 자체가 아니라, 나아갈 지침을 결정하되 정해진 길을 고집하지 않고 유연하게 사고하며, 설령 길을 벗어나더라도 그 길이 정답일 가능성도 있으니 오히려 좋은 아웃풋의 기준이 될 수도 있다는 이야기였습니다. 본문에 나오는 "지도보다 나침반"이라는 말과 일맥상통하지요. 무엇보다 이 책은 무척 이해하기가 쉽습니다. **어려운 내용을 어렵게 이야기하지 않는 데다 쓸데없는 구절이 적어서 순식간에 모두 읽어버렸습니다.**

(고바야시 루리, 디지털광고업, 26세)

어떻게 하면 저자와 같은 관점으로 컨셉을 생각하고 참신한 아이디어를 낼 수 있을지 궁금했는데, 이 책을 읽고서 어떤 식으로 생각해야 하는지 방법을 배울 수 있었습니다.

특히 사례를 다양하게 소개하고 추상적인 이야기도 알기 쉽게 풀어내서 술술 읽힌다는 점이 좋았습니다.

서장에 적힌 "'이곳이 아닌 어딘가'라는 느낌은 새로운 미래를 만드는 출발점에서 반드시 맛보게 되는 위화감이다. (중략) 자신의 인생을 기존의 고정관념 바깥으로 끄집어내는 계기가 되는 감정이다"라는 부분은 특히 마음에 와닿았습니다. 저자를 모르는 독자들에게도 용기가 될 메시지가 아닐까요. 저는 책을 모두 읽고 나니 기획을 통해 새로운 도전을 해보고 싶다는 마음이 들었습니다.

그리고 컨셉 구문을 통한 사고법은 실제 컨설팅 현장에서 자주 사용하는 'How Might We?'를 좀 더 손질하고 정제한 형태여서 신선하게 느껴졌습니다. 디자인 사고로 '인사이트'를 찾고, 예술적 사고의 상식을 내던지고 자신이 하고 싶은 일을 생각하는 요소가 '선입견'과 '비전'에 포함되어 있어서 새롭게 느껴졌고요. 팀원들에게 소개해서 실제 프로젝트에 활용해보고 싶습니다.

그뿐만 아니라 컨셉을 타인과 공유할 때 일러스트나 도식 같은 형태가 얼마나 중요한지 평소 실감하고 있는 터라, 추상적인 컨셉을 네 컷 만화로 표현하거나 화이트보드에 그림으로 풀어내는 방식은 역시 중요하다고 공감했습니다. 앞으로 다시 한번 실천해보고 싶어요.

(야마자키 간나, UI/UX 디자인 · 컨설팅, 27세)

지금까지 기획에 관한 많은 책과 기사를 읽고 다양한 사례를 공부했는데, 하나같이 컨셉이 중요하다는 말뿐이지 구체적으로 어떻게 컨셉을 만들어야 하는지는 알려주지 않았습니다. 하지만 이 책은 컨셉에 접근하는 구체적인 방법, 구상하는 순서 등을 정확히 알려줍니다. 지금까지 읽은 경영서들은 읽기는 해도 막상 내일부터 어떻게 활용하면 좋을지 고민스러운 내용이 많았습니다. 그러다 결국 귀찮아져서 실천하지 않는 경우가 많은데, 이 책은 구체적으로 어떻게 하면 좋을지 적혀 있습니다. **지금 당장이라도 시작할 수 있는 실용서 같아서 정말 새로워요.** 그리고 감성적인 부분도 다루기 때문에 읽기도 수월하고 마치 소설을 보는 듯한 기분으로 끝까지 읽을 수 있습니다.

많은 문제가 복잡하게 얽힌 현대에는 과제를 어떻게 예리하게 찾아내느냐가 중요하다고 생각합니다. 실제로 과제 해결보다 발견이 중요하다는 말도 여기저기서 들리고요. 그런데 본질적인 문제를 찾는 방법은 개인의 감각이 큰 부분을 차지하고 배우기도 어려워서 체계화되어 있지 않지요. 하지만 이 책에는 컨셉 구문과 사고의 과정, 접근법이 자세히 나와 있어서 지금 바로 기획에 적용할 수 있습니다. (무라타 마사토, 홍보대행사 기획자, 20대)

왜 나는 '이곳이 아닌 어딘가'로 가고 싶은가. 다른 곳으로 가야 한다고 느끼는 이유는 무엇인가. 내가 향하고자 하는 곳은 어디인가. 저는 이 책을 만나고 나서야 저 자신의 그런 느낌을 알아차렸습니다. 이 책은 '기획을 더 잘하게 되는 책'이지만, 저에게는 자신의 감각(인식)을 마주하는 방법을 컨셉을 통해 알려주는 내용이라고 느꼈습니다.

읽다가 특히 깊이 공감한 부분이 있습니다. "무얼 하든 다른 사람과 겹치는 느낌이 든다는 것이다. 독자성, 고유성을 좀처럼 느끼지 못하고 뛰는 놈 위에 나는 놈 있다는 생각이 떨쳐지지 않는 상황"이라는 부분 말이지요.

저뿐만 아니라 이 책을 읽는 사람들은 직장에서 기획을 잘하고 싶은 것은 물론이고 자기 인생의 컨셉 또한 찾고 싶어 할 겁니다. 어떤 시대의 흐름에도 휩쓸리지 않도록 자신의 축을 설정해 나침반으로 삼고 지금 느끼는 불안이나 초조함을 없애 순수하게 자신의 인생을 즐기고 싶어 하지요.

그래서 이 책은 '인생의 방향을 결정하는 데 도움이 되는 책'이 아닌가 싶습니다. 컨셉을 만드는 일과 상관없는 직업을 가진 사람에게도 이 책은 인생의 방향성과 자신의 삶을 생각하는 계기가 되리라 생각합니다. **기업 브랜딩뿐만 아니라 퍼스널 브랜딩에 관한 책을 찾는 사람에게도 딱 맞는 책이에요!** (시마미야 사키, 인터넷 광고대행사, 26세)

'이곳이 아닌 어딘가'로 가고 싶다는 생각이 현실 도피라고 여기는 사람은 많을 겁니다. "당신이 선 자리에서 꽃을 피우세요" 같은 말을 하지 않을까요. 하지만 이 책은 그런 감정이 현실에 대한 불평불만이 아니라 새로운 미래를 만들기 위한 출발점이라고 말해줘서 정말 기뻤습니다. 컨셉을 정하면 반대로 자유로워진다는 이야기를 비롯해 생각지 못한 발견이 많아 무척 유익했고요. **한마디로 '뭔가 해야 한다는 생각은 들지만 뭘 해야 할지 모를 때 먼저 읽어야 할 책'이 아닌가 싶습니다.** (가와구치 마미, 워킹맘·광고업, 20대 후반)

사회에 나온 지 얼마 되지 않은 후배에게 추천하고 싶은 책입니다. **학교를 갓 졸업했을 때보다 자신의 의지로 선택해야 하는 일이 늘어나고 책임과 기대 사이에서 옴짝달싹 못 하게 되었을 때 꼭 읽어야 할 내용이에요.** 한마디로 정리하기는 어렵지만, '머릿속을 말끔히 초기화하는 책'으로 추천하고 싶습니다. (나베시마 준이치, 기획자, 20대 후반)

단순히 기획하는 방법을 알려주는 내용이 아니라 '이곳이 아닌 어딘가'로 가고 싶다는 고민에 답하며 시야를 넓혀주는 내용이어서 좋았습니다. **뭔가 거창해 보이는 목표가 아니라 감정에서 출발한다는 점이 특히 친근하게 느껴졌고요**(컨셉에 관한 책은 대부분 정반대이니). 인생을 살아가며 뭔가를 계획하고 싶은 사람이라면 누구에게나 도움이 될 책이라고 생각합니다.

'굳어지다, 번뜩이다, 두드러지다, 모여들다, 지속되다'라는 컨셉의 다섯 가지 효과는 지금도 일을 하며 날마다 몸소 실감하고 있습니다. 컨셉이 명확하면 어떤 방향으로 아이디어를 찾아야 할지 또렷해져서 예리한 아이디어가 절로 샘솟지요. 오히려 명확한 컨셉이 없으면 '이곳이 아닌 어딘가'란 대체 어디인지 몰라 길을 헤매게 되어서 결국 스케줄이 무너진다는 점도 직접 경험했습니다.

무작정 아이디어를 내면 단순한 최대공약수나 자기 혼자만 즐거운 기획밖에 나오지 않지요. 그래서 '결정하지 않으면 움직일 수 없으나 얽매이지는 않는' 컨셉에 관한 이야기가 와닿았습니다. 이런 생각을 다른 사람과 나누려면 어떻게 해야 할지 방법을 찾아야겠다는 저 나름의 과제도 얻었고요. (오스가 료스케, 기획자, 20대)

차례

제 1 장

왜 지금 다시 컨셉을 이야기하는가
컨셉이 필요해진 시대 배경

제 2 장

컨셉은 우리에게 무엇을 가져다주는가
컨셉의 요소, 종류, 효과

제3장

컨셉은 무엇으로 이루어지는가

컨셉의 구조

제4장

컨셉은 어떻게 선정하는가
컨셉 고르는 법

제 5 장 │ **컨셉으로 한바탕 놀자!**
컨셉 사용법

제 1 장

왜 지금 다시
컨셉을 이야기하는가

컨셉이 필요해진 시대 배경

나는 80세 정도까지 나이를 그리 신경 쓰지 않았지만,
최근 10년 동안 세상이 엄청난 기세로 변화하고 있음을 느낀다.
내가 태어난 뒤 전쟁이 시작되기까지 변화했던 세상도 이토록 무시무시하지는 않았다.

- 유노키 사미로, 『유노키 사미로의 말(柚木沙弥郎のことば)』 중에서

컨셉이라는 나침반으로 '이곳이 아닌 어딘가'로 떠나기 전에,

우리는 애초에 무엇을 위해 지도도 없는 항해에 나서야만 할까?

대체 왜 지금이 '컨셉의 시대'라 할 수 있을까?

도대체 왜 개인도 회사도

'이곳이 아닌 어딘가'로 가고 싶어 할까?

아무리 봐도 이게 아니라는 느낌이 드는 이유는 무엇일까?

우리를 둘러싼 시대 배경과

그로 인한 영향을 우리는 어떤 식으로 받고 있을까?

그리고 그것을 새로이 긍정적으로 받아들이면 어떻게 될까?

1장에서는 우리가 서 있는 세계의 설정을 먼저 이야기해보려 한다.

많은 사람이 '이곳이 아닌 어딘가'를 바라는 이유

▪️ 왜 지금 컨셉이 필요한가

익히 알고 있듯 '컨셉'이란 완전히 새로운 사고법도, 인기 있는 유행어도 아니다.

컨셉은 지극히 보편적이고 고전적인 단어다. 몇십 년 전부터 꾸준히 쓰였으며 이미 다양한 상황에서 들어볼 기회가 있었을 것이다. 그렇다면 왜 지금 이 시대에 새삼 컨셉이 중요해졌을까? 한마디로 말하자면 우리를 둘러싼 다양한 요소가 **'지나친 시대'**이기 때문이다. 무엇이 어떻게 지나칠까? 다섯 가지의 '지나친' 요소를 통해 시대를 들여다보자.

1. 정보가 지나치게 많다

사람들 곁에는 늘 스마트폰이 있어 언제 어디서든 원하는 것을 보고 들을 수 있으며, 몇십 초 만에 게임 한 판이 끝나고 SNS로 수백 수천 명과 연결된다. 우리는 이처럼 '정보가 지나치게 많은' 시대를 살고 있다.

잡지가 젊은이들의 트렌드를 좌우했던 시대에 정보란 '직접 가서 사고 얻는' 것이었다. 그런데 지금은 어떤가. 공짜로 손에 넣을 수 있는 것은 당연하고, 손수 얻으러 가기는커녕 저절로 흘러들어오다 못해 너무 많아서 **'필요 없는 부분을 버려 최적화'**한다. 지난날 젊은이들의 대명사처럼 여겨졌던 깜짝 이벤트도 이제는

'불확실한 부분을 늘리고 싶지 않다며' 오히려 멀리하고, 영화나 드라마를 보기 전에 내용을 미리 찾아보거나 영상 재생 속도를 높여서 효율을 챙기려는 사람도 많아졌다. 실제로 함께 프로젝트를 진행하는 대학생은 이런 말을 했다.

"늘 뭔가에 쫓기는 기분이 들어서, 정말 즐기면서 본다기보다는 **'일단 알아둔다'는 느낌**이에요."

이 말에서도 '이곳이 아닌 어딘가'를 바라보는 마음의 단면이 슬쩍 엿보이는 듯하다.

정보가 너무 많다는 것은 기획하는 사람에게 '선택지가 지나치게 많아서 의사 결정이 어렵다'는 뜻이다.

정보도 선택지도 넘쳐나다 보니 늘 눈길이 이리저리 쏠려서 막상 뭔가를 결정하더라도 **'더 좋은 선택지가 있는 듯한'** 기분이 단단히 들러붙어 떨어지지를 않는다. 실제로 고객에게 직접 다양한 기획을 제안하거나 경영진에게 새로운 기획을 제안하도록 현장 담당자들을 도왔는데, 그때마다 "더 좋은 아이디어는 없나?"라는 피드백을 수도 없이 받았다. 결론은 물론 "당연히 있다!"이니 의사 결정을 할 용기가 없어서 사실상 '끝없는 대안 찾기'라는 미로에 빠져버리는 경우도 무척 많다.

정보가 너무나 많아서 지금 이대로 머물러서는 안 된다며 조바심을 내지만, 확실한 선택지를 가려내기는 점점 더 어려워지니 결국 '이곳이 아닌 어딘가'로 가야 한다는 기분에 사로잡히는 것이다. 다시 말해, **지나친 시대의 첫 번째 요소는 '정보가 지나치게 많다'는 것**이다.

2. 기술이 지나치게 빠르다

2023년 초 생성형 인공지능 '챗지피티(ChatGPT)'가 전 세계를 뒤흔들며, 결과물의 놀라운 완성도와 편리함으로 눈 깜짝할 사이에 시대의 아이콘으로 떠올랐다. 나도 이 책을 집필할 때 챗지피티를 일부 활용했는데, 사회 초년생 시절에 했던 정보 수집이나 보고서 작성의 수준을 인공지능이 순식간에 따라잡았음을 실감하고 '일이란 대체 뭘까' 하는 허무함을 느꼈다.

기술의 신속한 활용과 결과물의 신속한 수준 향상. 이 두 가지 의미에서 지금은 '기술이 지나치게 빠른' 시대라 할 수 있다. 가치를 만드는 이들은 지나치게 빠른 기술 때문에 태도와 자세를 끊임없이 바꿀 수밖에 없게 되었다.

- 개발 시간 단축과 진입 장벽 제거로 한층 치열해진 경쟁
- 어플리케이션처럼 비물질적인 업데이트로 상품의 성능을 향상할 수 있게 되면서 더욱 높아진 유동성
- 세계화에 따라 전 세계의 주자들이 경쟁 상대로
- 짧아진 제품의 수명

이러한 변화 때문에 상품은 **'출시된 그날부터 시대에 뒤떨어지기 시작하는'**, 그야말로 급박한 상태가 되었다. 기업의 입장에서는 금방 싫증을 내는 고객들의 요구에 부응하려 노력한 결과라고 주장할지도 모르지만, 사실 고객의 입장에서는 그렇게 금방 신제품을 내놓으니 마음에 들던 물건도 왠지 구닥다리처럼 느껴져서 새로 사게 되는 것뿐이라고 말할 것이다. 기업과 고객 사이에 일종의 '빠른 회전을 일으키는 공범 관계'가 성립하는 셈이다.

몇 년 전 젊은 세대에 대한 연구의 일환으로 대학생 몇 명과 함께 모터쇼에 갔는데, 그곳에서 세계 최초로 공개하는 컨셉 카를 보고 한 학생이 "아, 이거 전에 본 적 있어요!"라고 말했다. 처음 공개하는 자동차이니 학생의 말은 틀림없이

착각이었지만, 그는 인터넷에서 분명히 본 적이 있다며 자신만만했다. 결국 사실대로 알려주고 학생도 잘못 생각했다고 인정했지만, 그만큼 '정말 새로운 무언가를 보여줘도 어디서 본 듯한 느낌이 명백한 사실마저 뛰어넘어 우리를 사로잡고 있다'는 뜻이다. 그런 기시감을 더 새로운 무언가로 넘어서려 한 결과 빠른 회전은 점점 더 빨라졌고, 끝내 '다른 사람에게 주고 싶지 않아서 고기가 덜 익었어도 냉큼 먹어버리게' 되었다. 일본에서 잘 알려진 '설익은 고기 이론(교육 및 취업 저널리스트 이시와타리 레이지가 틀에 박힌 일본의 취업 제도를 비판하기 위해 주장한 이론-옮긴이)'과 같은 이런 상황은 개인과 법인이 모두 본질을 내팽개친 채 모든 일을 졸속으로 처리하도록 만들고 있는지도 모른다.

사람들 사이에서는 "정보가 지나치게 많다"라는 첫 번째 요소와 맞물려 **'기시감, 즉 모두 새로워 보이지 않고 이미 아는 것처럼 보이는 느낌'과 '달관, 즉 선택지는 많고 변화도 급격해 어찌해야 할지 모르겠으니 뭐가 됐든 상관없다는 느낌'**이 널리 퍼지고 있는 듯하다.

상품을 선택하는 기준에 관한 인터뷰에서 한 대학생이 이렇게 대답한 적이 있다.

"편의점에서 판매하고 있다는 시점에서 이미 보장된 상품이라는 뜻이니, 그 안에서는 뭘 고르든 상관없어요."

풍족해졌기에 오히려 대상을 향한 적극적인 호기심과 관심이 사라진 것이다. 게다가 이런 결과는 가치를 만드는 이들이 나태했던 탓이 아니라 오히려 빠르게 회전하는 사회에 열심히 대응했기에 비롯된 역설이라는 점이 참으로 얄궂다. 민첩한 개발 체제로, '린 스타트업' 같은 사고로, 사용자 조사도 꼼꼼하게 해서 고속 PDCA로 최적화한 결과, 모든 서비스가 비슷비슷한 결론에 이르렀다는 이야기는 나도 고객들을 만나며 여러 번 들었다.

단순히 착실하고 부지런히 일하기만 해서는 미처 함정을 눈치채지 못할 수도 있다. 이처럼 착실하게 상황에 대응하는 나날 속에서 우리는 '이곳이 아닌 어딘가'를 바라게 되는 것일지도 모른다.

3. 역풍이 지나치게 강하다

세 번째는 역풍이 지나치게 강하다는 점이다. 우리는 다양한 역경을 겪으며 살고 있다는 뜻이기도 하다. 일본은 연공서열과 저출산·고령화가 만나 **'큰 권한을 쥔 나이 든 세대가 많고'** **'작은 권한을 쥔 젊은 세대가 몇 없는'** 구조가 되었다. 현재 상황에 불만을 느끼고 변화를 바라는 사람들의 입장에서는 절대 깰 수 없는 게임이 이곳저곳에서 벌어지고 있는 셈이다.

이대로는 안 된다고 모두가 어렴풋이 생각은 하지만, 새로운 움직임을 허락할 권한을 쥔 사람들은 낡은 사고방식을 가지고 있으니 결국 딜레마에 빠지고 만다.

"일본의 젊은이들은 세계를 바꿀 수 있다고 생각하지 않는다."

한 조사에서 밝혀진 이러한 결과도 결코 깰 수 없는 게임 같은 구조가 원인 중 하나일지도 모른다. 어쩐지 달관한 듯 보이는 젊은 세대들과 대화하며 나도 그렇게 느꼈다.

이 역풍의 정체란 사실 과거 사회에서 개인들 사이에 암묵적으로 맺은 수많은 **'낡은 약속'**이 아닐까 싶다.

"첫 잔은 무조건 맥주지."

"젊은 애들은 2차까지 따라가고 노래방에서 한 곡 불러야지."

"여자는 일보다 가정을 우선시하기 마련이야."

"흑인은 백인보다 사회적 지위가 낮은 게 당연하지 않나?"

"이익을 위해서라면 사원이 불행하든 환경이 오염되든 상관없어."

"이 문제에 대해서는 이렇게 정해둡시다" 하는 약속. 그것이 시대의 변천에 따라 제 역할을 하지 못하게 되면 '낡은 약속을 깨트리기' 위해 위에 덮어쓸 새로운 약속이 만들어진다. 인류의 역사가 이런 과정의 반복이라면, 지금 시대는 많은 사람이 '이곳이 아닌 어딘가'로 가야 한다고 느끼지만 과거의 약속 때문에 딜레마가 생기고, 그래서 한층 더 '이곳이 아닌 어딘가'로 가기를 강하게 바라는 시기일지도 모른다. 머리말에 적었던 '현재 상황의 연장선'이란 낡은 약속을 깨트리지 못한 미래라고 바꿔 말할 수 있다.

여기서 사회란 누구인지, 약속은 어떻게 정해지는지, 어떻게 하면 낡은 약속을 깨트릴 수 있는지 같은 문제도 '이곳이 아닌 어딘가'로 나아가기 위한 발화점이 될 것이다.

4. 문제가 지나치게 복잡하다

2020년 벽두부터 전 세계로 번진 코로나 바이러스는 사회의 전제를 완전히 뒤집어버렸다. 사회적 거리두기, 마스크, 재택근무를 기반으로 한 비즈니스 등 지금껏 사회가 거부했던 습관과 행동을 '어쩔 수 없다'는 강한 논리로 추진시킨 것이다. 코로나 바이러스에 대한 대응은 인간 사회가 맞닥뜨린 어려운 문제였다.

세계보건기구(WHO)의 선임고문 신도 나호코는 다양한 관점과 학문의 경계를 뛰어넘은 방식으로 코로나 바이러스에 대처했다고 이야기한다.

이를테면 감염증 전문가의 관점으로만 대책을 세우면 '집에서 머무르기'가 우선이 되겠지만, 그렇게만 하면 경제가 무너져 결과적으로 누군가의 생활을 빈사 상태로 몰아넣을 수도 있다. 이동 제한은 인권을 침해할 우려가 있으며, 정신의학의 관점에서는 사람의 마음을 좀먹을 우려도 있다.

코로나 바이러스는 인류 사회에서 '한쪽을 세우면 다른 한쪽이 무너지는' 그 야말로 최고 난이도 과제였다. 실제로 세계보건기구에서는 감염증과 병원체, 공 공 위생 같은 의료 관련 전문가뿐만 아니라 정책, 법률, 사회학, 행동과학, 인권, 민속학, 정신의학 등 다양한 분야의 전문가가 모인 일명 '13명의 현자'라는 단체 를 마련해 대응했다고 한다.

우리가 현대에 직면하는 과제는 이처럼 **'양쪽을 한꺼번에 만족시킬 수 없는'** 문 제들뿐이다. 하버드 케네디스쿨(공공정책대학원)에서 오랜 기간 교편을 잡아온 로 널드 하이페츠 교수는 문제를 '기술적 문제'와 '적응 과제'라는 두 가지 종류로 분류했다.

전자는 '1 + 1 = 2'처럼 누가 풀든 해법과 정답이 있지만, 후자는 여러 변수가 작용하며 심지어 문제를 풀려 하는 본인마저 변수가 될 만큼 다양한 관계 안에 서 살아 움직인다. 정보가 많아지고 기술이 빨라진 지금은 개인에게든 기업에게 든 기술적 문제가 점점 줄어드는 반면 '적응 과제'는 점점 늘고 있다.

다만 곰곰이 생각해보면 언제나 인간 사회의 과제는 대부분 '적응 과제'였으 며, 우리가 '기술적 문제'라고 굳게 믿고 억지로 해결하려 했던 것일지도 모른다.

매출을 높이려면 쓰레기가 많이 나와도 어쩔 수 없다. 선거에서 이기려면 상 대적으로 소수인 젊은 세대는 뒤로 미룰 수밖에 없다. 이런 생각처럼 문제의 논 점을 하나로 좁히고 목적과 직접 관련된 변수에만 자원을 집중시키며 목적과 그 리 관계가 없는 변수는 방치하는 것이다. 이런 행동은 많든 적든 누구나 해온 일 이다.

지금 이 시대에도 복잡함과 어려움을 견디지 못하고 극단적인 방향을 택하 는 사람이 많다. 몇 초 만에, 분명하게, 단순하게, 결론만 알고 싶어 하는 태도는 때론 과제 자체에 대한 관심을 없애버린다. 점점 어려워지는 과제를 애써 풀고자 하는 움직임과 그와 정반대로 '어려워서 잘 모르겠으니까, 극단적인 논리여도 좋으니 간단하게 알려줘!', '누가 나쁜 놈인지 정해서 한쪽만 두드려 패자!'라고 생각하는 움직임. 반대되는 이 두 가지 사고가 근래 다양한 영역에서 등장하는 '분단'이라는 과제의 본질이 아닐까 싶다.

에르메스 프랑스 본사의 전 부사장이었던 사이토 미네아키는 이런 가설을 이야기한 적이 있다.

"미국에 햄버거 가게가 많은 이유는 인종의 전시장인 만큼 누구나 맛있다고 느끼는 일종의 '최대공약수'가 필요해서가 아닐까?"

다양성이 높으면 높을수록 당연히 선택지도 많아지리라 여겼으나, 실제로는 그의 말처럼 최대공약수로 수렴될 가능성도 있을지 모른다.

그렇게 결론을 단일화하며 미래로 떠넘긴 빚이 이제 넘칠 듯 말 듯 한계에 가까워졌다는 느낌이 바로 '이곳이 아닌 어딘가'로 가야 한다는 기분의 정체가 아닐까? 문제가 너무 복잡해서 이곳이 아닌 다른 곳으로 가고 싶지만, 복잡한 문제에서 벗어나 극단적인 논리를 택하면 뭔가를 간과하게 된다. 그리고 이때 간과한 감정이 '이곳이 아닌 어딘가'라는 마음을 한결 강하게 만드는 것이다.

SDGs(지속가능발전목표)나 DEI(다양성·형평성·포용성), 웰빙 등 모든 사람이 더 살기 좋은 사회를 실현하기 위해 지금껏 다양한 '사회 운영의 컨셉'을 만들어낸 것도 같은 맥락이다.

모든 면에 적합한 답을 내놓으려 하면 변수가 많아져 문제가 복잡하고 어렵게 느껴진다. 그것은 인류가 그만큼 문제를 '제대로 해결하려 노력하고 있다는 증거'라고도 할 수 있다. 자신이 담당한 영역이나 전문성 그리고 일상의 풍경을 뛰어넘어 상상력을 발휘하고 전체를 보려 하는 자세는 정보가 지나치게 많고 기술이 빨라서 여기까지 진보한 인류의 긍정적인 측면일지도 모른다.

일부가 아닌 전체를 바라보며 지나치게 복잡하고 어려운 과제를 풀려면 무엇을 이정표로 삼아야 할까? 매출, 응모자 수, 인기 순위 같은 기존의 변수를 하나로 좁히는 것이 아니라 애초에 '무엇을 좋게 여기는가'를 다시 정의해야 한다. 적응 과제의 시대에는 그런 자세가 필요하며 그것이야말로 '이곳이 아닌 어딘가'로 가기 위해 가장 먼저 필요한 태도다.

5. 개성이 지나치게 위태롭다

젊은 세대를 연구하는 연구자로서 날마다 대학생들과 얼굴을 마주하고 구직 활동을 상담해주기도 하는데, 한 학생이 내게 이런 고민을 털어놓은 적이 있다.

그는 운동부의 부주장으로서 팀을 이끌고 대회를 위해 열심히 연습하는 야무진 청년이었다. 그런데 경기에 몰두하면서도 한편으로는 '지금 이런 일에만 집중해도 괜찮을까?' 하는 불안감이 든다고 했다. 경기에 열중하고 부주장으로서 리더십을 발휘하며 경험을 쌓고 대회에서 좋은 성과를 얻었음에도 불구하고 말이다. 그런 불안이 어디에서 비롯되었는지 물었더니 이런 답이 돌아왔다.

"고등학교 시절 친구가 실리콘밸리 기업에서 여름 인턴십에 참여한다는 소식을 SNS에서 봐버렸거든요."

친구는 취업으로 이어지는 인턴 생활을 하고 있는데, 자신은 매일 공만 쫓고 있으니 과연 어디에 도움이 될지 문득 두려워질 때가 있다는 것이었다.

그의 목소리가 상징하는 "과연 지금 나 자신의 '개성'은 괜찮은 걸까?"라는 불안은 실제로 많은 이들이 하는 생각이다. 이것은 결코 젊은 세대만의 이야기가 아니라 경영자나 관리자, 기획을 하는 모든 사람이 시대의 분위기 때문에 많든 적든 느끼게 되는 부분이 아닐까. 비단 '자기 자신의 개성'뿐만 아니라 자신이 몸담은 팀이나 프로젝트, 기획, 시간 사용법 등 모든 면에서 '나의 개성·일의 개성'을 다른 대상과 지나치게 비교하며 생기는 흔들림으로, **'정체성의 위기'**라고도 부른다. 사회가 훨씬 좁고 비교 대상이 적었던 과거에는 이런 부분이 문제가 되지 않았을 것이다. 실제로 과거 '국민총행복지수'로 세계에서 주목받았던 부탄이 최근에는 순위 상위권에서 완전히 멀어진 이유도, 당시보다 나라 밖의 정보가 많이 흘러들어가 자신들의 빈곤을 깨달았기 때문이라는 말도 있다.

지금까지 소개한 다섯 가지의 '지나친' 요소 탓에 사람들은 이렇게 생각한다. 뭘 하든 다른 사람과 비슷한 느낌이다, 어떤 기획을 하든 평범해 보인다, 내가 뭘 생각하든 이미 다른 사람이 구상해서 세상에 내놓았을 것이다, 나한테는 좋아 보여도 상대에게는 그다지 새로워 보이지 않을지도 모른다, 나는 그를 소중하게 여기지만 그에게 나는 많은 지인 중 한 명에 불과할지도 모른다……. 우리는 매일 그런 불안을 느끼며 힘껏 버티며 살고 있는지도 모른다. 그렇다고 정보를 다시 차단하고 사회를 좁게 만드는 방법은 개인의 수준에서는 디지털 디톡스처럼 어느 정도 의미가 있을지도 모르지만, 비즈니스의 세계에서는 쉽지 않다.

"저의 컨셉이 뭔지 모르겠어요."

곧 취업 전선에 뛰어들어야 하는 대학생에게 실제로 들은 이야기다. 무얼 하든 다른 사람과 겹치는 느낌이 든다는 것이다. 독자성, 고유성을 좀처럼 느끼지 못하고 뛰는 놈 위에 나는 놈 있다는 생각이 떨쳐지지 않는 상황. 그런 상황에서 "나는 이걸로 밀고 나간다!" 하고 이곳이 아닌 어딘가로 나아가려면 어떤 계획이 필요할까? 이것은 몹시 거대한 현대의 논점인 듯하다.

▚ 다시 말해 '격동하는 시대'

정보는 너무 많고 기술은 빠르게 변화한다. 게다가 역풍은 너무나 거세고 문제는 복잡하기 그지없다. 그런 상황 속에서 회사와 개인은 자신의 모습에 불안과 동요를 느끼고 존재 의의를 고민하는 것이 '격동하는' 이 시대의 정체다. 그 결과 기획을 받아들이는 '상대와 고객'도 이곳이 아닌 어딘가를 꿈꾸고, 기획을 구상하는 '자신과 기업'도 그에 부응해 세상을 이곳이 아닌 어딘가로 바꾸려 한다. 그와 동시에 자신과 기업도 이곳이 아닌 어딘가로 가기를 꿈꾸는 상황이 된 것이다.

이렇게 생각하면 '이곳이 아닌 어딘가'를 바라는 마음은 결코 자신이 제멋대로이거나 우유부단하거나 불평불만만 가득해서가 아니라 '시대가 빚어낸 분위기'라 할 수 있지 않을까? 즉 개인의 문제가 아니라 사회 전체가 처한 상황이 아닐까?

또한 이러한 시대의 분위기를 감지하고 '이곳이 아닌 어딘가'를 꿈꾸는 사람은 반대로 생각하면 새로운 가치 창조의 출발점에 서 있는 사람이라고도 볼 수 있다.

지금까지 '좋다'고 여겼던 약속들이 유통기한을 넘어서기 시작한 지금, '낡은 약속을 새롭게 바꿀 기획'을 만들 수 있느냐가 사람과 사회를 이곳이 아닌 어딘가로 데려갈 길을 좌우한다는 이야기다. 그러려면 어떤 방식으로 사고를 시작해야 할까?

키워드는 **인간의 '인식'**이다.

그리고 그것을 바꿀 수단이 바로 '컨셉'이다. 이제 순서대로 차근차근 살펴보도록 하자.

'전생'은 불가능하니
'인식'을 초기화하자

▚ '전생'을 소재로 한 작품이 유행하는 이유

이른바 '전생물'이 소설과 만화의 장르 가운데 하나로 완전히 자리를 잡았다. 이 야기의 첫머리에 주인공이 느닷없이 죽음을 맞이하고 기억과 인격을 그대로 유 지한 채 다른 세계에서 다시 태어난 끝에 놀라운 이야기가 펼쳐지는 형식이다. 2010년대 초반부터 서서히 인기를 얻어 수많은 작품이 만들어지기 시작하면서 일부 소설 경연 대회에서는 '이세계 전생물 금지 조치'를 내릴 정도였다.

지금까지 살펴본 다섯 가지의 '지나친' 요소를 통해 사람들이 지금 이대로는 안 된다고 느끼지만 어떻게 해야 할지 모르는 상황에 직면했음을 확인했다. 이러 한 시대의 분위기와 '지금까지의 약속을 모두 파기하고 전혀 다른 약속으로 구 성된 세계에서 자신의 인격을 유지한 채 다시 태어난다'는 이야기의 구조는 언 뜻 서로 일치하는 듯 보인다.

▚ 초기화할 수 없는 현실을 어떻게 마주해야 하는가

하지만 안타깝게도 현실은 그렇지 않다. 매일매일 비슷한 하루가 이어지며, 적어도 지금은 육체와 정신을 중간에 갈아타기란 기술적으로 어려워 보인다. 기업 또한 지금까지의 성공과 자산에 얽매이지 않고 미래를 그리자며 '비연속적 성장', 즉 급속 성장이라는 말을 꺼내기도 하는데, 정말 비연속적이라면 회사가 존재하는 의미 자체를 일단 버린다는 뜻이 된다. 개인이든 회사든 자신이라는 그릇을 완전히 초기화하려면 자기 자신을 완전히 부정해야 하므로 지극히 어려운 일이다.

온통 어두운 이야기만 했으니 이번에는 "그러면 어떻게 해야 하는가?"로 넘어가려 한다. '지나친 시대의 현실'을 직접 초기화할 수 없는 상황에서 어떻게 '이곳이 아닌 어딘가'로 갈 수 있을까? 사람이 세계를 인식하는 방법을 구조화한 **'인식과 현실의 순환 모델'**을 이용해 생각해보자.

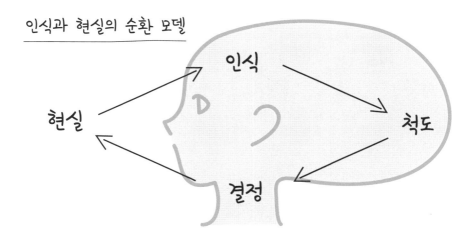

인간 사회는 대체로 **'현실 → 인식 → 척도 → 결정 → 새로운 현실 → ······'이라는 사이클**을 나선 계단처럼 회전하며 지금껏 이어져왔다. 예를 들면 다음과 같다.

매머드라는 거대한 생물이 존재한다는 **현실**

↓

"저건 식량이 되겠군!"이라는 **인식**

↓

"매머드를 사냥할 줄 아는 사람"이 훌륭하다는 **척도**

↓

마을에서 가장 사냥을 잘하는 사람을 족장으로 삼는다는 **결정**

↓

매머드 수렵을 중심으로 한 인간 사회라는 **새로운 현실**

↓

……

여타 생물과 다른 인간의 고유한 특성 가운데 하나는 '현실을 있는 그대로 받아들이지' 않고 언어나 개념, 사고를 이용해 '인식 → 척도 → 결정'이라는 회로를 만든다는 점이다. 따라서 인간은 개체끼리 소통할 수 있을 뿐만 아니라 현실에 아직 존재하지 않는 '이곳이 아닌 어딘가'를 상상할 수 있게 되었다.

가정에 관한 이야기, 미래에 관한 이야기, 개념에 관한 이야기, 감정에 관한 이야기, 관계에 관한 이야기 등은 모두 '현실을 인식하고 의미를 부여하는', 인간을 인간답게 만드는 근원적 요소 덕에 가능한 사고다. 지폐도 시장도 가격도 주가도 모두 인식에 의해 가치가 크게 좌우된다. 이 책에서 다루는 **'기획'이란 곧 '어떻게 누군가의 인식을 움직일 것인가'라는 뜻**으로 바꿔 말할 수도 있다.

그리고 지금까지 이야기했던 '다섯 가지의 지나친 요소'가 이 순환 모델 속 '현실'이라면, 과연 우리는 이를 어떻게 바라보아야 할까?

지금이야말로 '사람의 인식을 바꾸어 돌고 돌아 현실을 바꾼다'는 사고방식이 필요한 때다. 인식과 현실은 같은 순환 속에 존재하므로 현실을 바꿀지 인식을 바꿀지 고민하는 대신, 생각의 출발점을 '현실'이 아닌 '인식'에 두는 것이다. 갑자기 현실부터 무작정 바꾸려고 하면 어려운 이유는 다음과 같다.

- 현실의 어려움은 개인이 감당할 수 있는 수준을 훌쩍 넘어서므로
- 현실은 직접 해결할 수 있는 '기술적 문제'가 아니므로
- '이곳이 아닌 어딘가로 가야 한다'는 위화감이야말로 인식 그 자체이므로

집이 회사에서 머니 이사를 해야겠다, 객관식 문제에서 좋은 점수를 얻을 수 있도록 암기를 열심히 해야겠다, 세탁기가 고장 났으니 새로 사야지⋯⋯. 이러한 '기술적 문제'는 번거롭게 인식을 바꾸지 않고 현실을 직접 바꾸면 된다. 그러나 자기 자신과 주위 사람 그리고 자신을 둘러싼 인간 사회에서 비롯된 '이곳이 아닌 어딘가'라는 감정에 접근할 때 **현실을 직접 바꾸는 방식을 택하면 결국 벽에 부딪히지 않을까?**

▥ 컨셉은 '인식에서 출발해 현실을 바꾼다'

드디어 '컨셉'이 등장할 차례다. 앞서 소개한 **'인식과 현실의 순환 모델'을 회전시켜 인식을 기점으로 현실까지 움직이기 위해 '인식을 초기화'하는 방법이 바로 컨셉이다.**
매머드 사냥에 관한 사례로 다시 돌아가서 이후에 나타난 상황을 살펴보자. 계속해서 수렵 생활을 하던 인류는 어느 시점부터 지구상의 다양한 장소에서

'농경'과 그에 따른 '정착 생활', '국가', '자본'이라는 사회 운영의 컨셉을 만들어 내기 시작했다. 그 결과 음식은 어딘가에서 가져오는 것이 아니라 스스로 만드는 것, 자신이 원할 때뿐만 아니라 365일 언제나 할 일이 주어지는 것이 직업이라는 사실, 사냥감에 맞춰 계속 이동하는 것이 아니라 국가와 주거지가 있고 그곳에서 먹거리를 키우는 생활 등 기존과 전혀 다른 새로운 인식이 사회의 '새로운 약속'으로 탄생했다.

결국 사람에 대한 척도도 '무기를 잘 던지는 사람이 멋지다'라는 기준에서 '벼를 시들지 않고 안정적으로 키울 줄 아는 사람이 멋지다'로, 거기서 더 나아가 '벼농사를 조직적으로 성공시키기 위해 집단을 통솔하고 규칙을 구축할 줄 아는 사람이 멋지다'로 바뀌었을 것이다. 그와 더불어 자원, 사람, 시간을 어디에 들일지 결정한 결과도 완전히 달라져서 마침내 인간 사회는 '수렵 사회'에서 '농경 사회'로 넘어가며 현실에서도 대전환이 일어났다.

"사람이 상상할 수 있는 것은 모두 실현할 수 있다."

프랑스의 SF소설가 쥘 베른이 남긴 이 말을 반대로 생각하면, 상상할 수 없는 것은 실현하지 못한다. 다시 말해 먼저 '농경이라는 현실이 존재'한 것이 아니라, 선조들이 농작물 기르는 방법을 알면 위험하게 사냥하지 않고도 식량을 얻을 수 있으리라는 '새로운 컨셉'을 떠올린 데서 농경 사회가 출발한 것이다.

경영에 관한 잘 알려진 우화처럼 자동차가 없는 시대의 사람들에게 어떤 탈 것을 원하느냐고 물으면 모두가 "더 빠른 말"이라고 대답할 것이다. 따라서 더 좋은 탈것을 만들려면 기존의 현실인 말을 개선하는 것이 아니라 먼저 '자동차라는 새로운 컨셉'을 떠올려야만 한다. 지금껏 이야기했던 각박하고 힘든 시대의 현실에서 '이곳이 아닌 어딘가'를 찾는 것이야말로 '인식을 출발점으로 순환 모델을 돌려 현실을 바꾸는' 일과 같다.

그러나 '솔루션'이나 '문제 해결' 같은 말은 눈앞에 있는 현실을 직접 해결해야 한다는 발상을 유도한다. 모든 것이 순조롭고 자기가 할 일만 하면 저절로 상황이 좋아지는 시대라면, 그런 단순한 '개량'만으로도 위화감을 느끼지 않고 더 큰 행복을 얻을 수 있을지도 모른다. 그러나 '지나친 시대'에서는 매머드를 사냥하는 더 좋은 방법이나 더 튼튼한 말뿐만 아니라 이곳이 아닌 어딘가로 가고 싶다는 바람도 충족하지 못할 것이다.

'어떻게 하면 더 좋아질까?'가 아니라,
'애초에 좋다는 것은 무엇인가?'부터 다시 정의한다.

전자가 해답을 찾는 '솔루션 메이킹'이라면 후자는 감각과 인식을 다듬는 '센스 메이킹'이다. 다시 말해 **인식의 재정의**에서 출발하는 접근법이라는 뜻이다. 그리고 **'좋다는 생각 자체를 새로이 정의한 기획'은 독자적이고 유일한 발상일 가능성이 아주 높다.**

내가 컨셉 '센스'가 중요하다고 주장하는 이유도 이러한 '인식'과 관련이 있다. 자기 자신이 사물이나 사회를 어떻게 느끼고 있는가. 그리고 타인이나 사회가 느끼는 바를 어떻게 다시 정의할 수 있는가. 컨셉 '사고'나 '기술'보다 먼저 필요한 것이 바로 느끼는 것이다.

일본 역사를 예로 들어보자. 일본사에서 중요한 의미를 지닌 '와비·사비(단순함과 오래됨의 미학을 추구하는 관념-옮긴이)'라는 컨셉이 꽃핀 것도, 권위적이고 화려한 세계관을 선호하던 무로마치 막부 초기의 기타야마 문화가 쇠퇴한 후 검소함과 결핍 속에서 미의식을 찾는 전국시대의 히가시야마 문화로 넘어가면서 기존의 '인식 → 척도 → 결정'이 더 이상 작동하지 않게 되었을 때였다.

막부 말기의 일본에서 '메이지유신', '대정봉환' 같은 중대한 컨셉들이 등장
한 것도, 약 260년간 이어진 에도 막부의 쇄국이라는 약속이 외부의 압력에 의
해 흔들리며 사회가 기존의 규칙을 깨트리고 새로운 약속을 내걸어야 했기 때
문이었다. 두 가지 모두 '지금까지 당연하게 존재했던 것에 대항하는 반문화'였
던 셈이다.

그리고 이러한 중대한 컨셉도 어느 한 사람의 생각이 사회로 퍼진 것이 아니
라, 한 사람 한 사람의 작은 의문과 "이곳이 아닌 어딘가란 혹시 이런 것이 아닐
까?" 하는 작은 컨셉이 별과 별이 이어져 별자리가 되듯 큰 덩어리를 이룬 결과
파도처럼 현실을 움직인 것이 아닐까? 컨셉이란 무언가에 이름을 붙이는 것뿐만
아니라 새로운 인식에서 출발해서 척도와 결정을 바꾸고 마침내 현실을 조금씩
변화시키는 것을 가리킨다. 전국시대도 막부도 사실은 개인과 사회가 '이곳이 아
닌 어딘가'를 꿈꾸었던, 이대로는 안 된다고 결심했던 역경이었을지도 모른다.

📇 격동을 르네상스로 바꿔버리자

지금까지 살펴보았듯이 지금 우리가 서 있는 2020년대도 어쩌면 일본의 전국시
대나 막부와 맞먹는 역경의 시대일지도 모른다. 그렇다면 개인과 사회가 '이곳이
아닌 어딘가'로 가기 위해 인식을 바꾸고 현실을 뒤흔들어야 하지 않을까. 일본
의 사업가 후루카와 겐스케는 자신의 X(트위터)에서 이렇게 말했다.

"노동자의 시대가 끝나고 크리에이터의 시대가 왔다."

다시 말해 회사에 고용되어 집단으로 과제를 해결하며 먹고살 양식을 얻는
구조에서, 개개인이 스스로 기획하고 사회와 직접 연결되어 '새로운 인식'으로

사람들을 놀라게 하고 기쁘게 함으로써 먹고살 양식을 얻는 구조로 바뀌고 있다는 뜻이다.

솔루션이 가치를 낳으며 훌륭하다고 보는 가치관은 챗지피티를 비롯한 인공지능과 다른 기술에 의해 '인간의 가치를 헤아리는 척도'에서 서서히 벗어나고 있으며, 앞으로는 '이곳이 아닌 어딘가'가 어디인지 스스로 시행착오를 겪으며 생각하고 인식을 움직이는 창의성이야말로 멋지고 훌륭한 가치가 될 것이라는 말이기도 하다.

챗지피티는 아주 단순하게 표현하자면 '인간의 인식을 바탕으로 가장 적절한 해답을 빠르게 뱉어내는' 도구다. 지금까지의 정보를 토대로 하면 인간들은 이럴 때 이런 식으로 대답할 것이라고 빠른 속도로 유추해서 알려주는 것이다. 즉, 완전히 새로운 인식을 만들어내는 일에는 적합하지 않다.

지금 이 시대는 온갖 역경에 둘러싸인 '지나친 시대'이므로 컨셉을 통해 인식부터 바꾸는 변혁이 필요하다. 그리고 변혁에 따라 찾아올 시대는 '컨셉의 시대'라 부를 수 있을지도 모른다.

그렇게 생각하면 지금 '수렵에서 농경으로'와 같은 커다란 변혁에 필적할 만큼 수많은 낡은 약속이 깨지고 새로이 만들어지고 있는 듯 느껴지기도 한다. 어쩌면 앞으로는 새로운 컨셉을 지닌 다양한 개인과 회사가 끊임없이 등장하는, 창의성이 열쇠인 컨셉 르네상스가 시작될지도 모른다.

'이곳이 아닌 어딘가'로 떠나지 않으면 행복하게 살 수 없는 역경의 시대도, 컨셉 센스를 손에 넣은 사람은 지금까지의 상식과 습관에 얽매이지 않고 즐겁게 살아갈 수 있다. 다시 말해 직함, 나이, 소속 등과 같이 사람들의 자유와 창의성을 가로막던 낡은 약속도 컨셉만 있으면 훌쩍 뛰어넘을 수 있다.

▛▜ 창의적인 분노야말로 컨셉의 시작

창의성이라는 말에 "결국 그게 가장 힘든 건데……"라거나 "내 일하고는 거리가 먼 이야기지……" 하고 뒷걸음질 칠지도 모른다. 하지만 걱정할 필요는 없다. 우리가 아는 수많은 위인들 역시 지금은 위인일지 몰라도, 처음 새로운 인식을 내세웠을 때는 분명 당시의 척도로 이해할 수 없는 '이상한 놈'이었을 테니까. 틀림없이 '이곳이 아닌 어딘가'를 꿈꾸는 지금의 우리와 다르지 않았을 것이다.

그들은 단순히 시대를 무시하고 멋대로 행동하지도, 그렇다고 의문을 억누르고 주변을 따르지도, 산속에 은둔해버리지도 않았다. 대신 "내가 느끼는 위화감이나 나 자체가 이상한 게 아니라 시대가 이상한 거 아니야?"라고 분노하고 "이런 건 어때냐!" 하며 새로운 규칙을 제안했다. 그들은 그런 **'창의적인 분노'를 가장 먼저 입 밖에 낸 사람, 처음 행동을 시작한 사람**이 아니었을까.

우리는 이미 '이곳이 아닌 어딘가'라는 막연한 위화감을 안고 있다는 점에서 컨셉에서 출발하는 기획의 시작점에 서 있는 셈이다. 지금 사회의 문제점과 위화감, 영문을 알 수 없는 껄끄러움을 포착하는 자신의 '식견'을 이상하게 여기지 않고, 오히려 **'시대와 사회 그리고 기존의 규칙이 이상하다고 과감히 생각해보는' 창의적인 분노의 정신과 '이런 건 어떨까?' 하는 창작자의 정신으로 새로운 생각을 불어넣어야 한다. 바로 여기에 컨셉 센스가 필요하다.** 부디 자신의 의문, 답답함, 삶의 고충을 속으로 삭이지 말고 분노와 창의성을 더해 행동으로 바꿔보자.

'이곳이 아닌 어딘가'를 꿈꾸게 되는 배경에는 '지나친 시대'가 있으며, 그런 시대에는 '현재 상황의 연장선에 불과한 계획'만으로는 현실을 바꾸기 어렵다. 하지만 사람과 사회의 인식부터 바꾸는 컨셉 센스로 맞서면 일도 일상생활도 조금씩, 하지만 확실히 나아질 것이다.

제1장의 내용 요약

인식과 현실의 순환 모델

현실에서 출발하는 사고방식

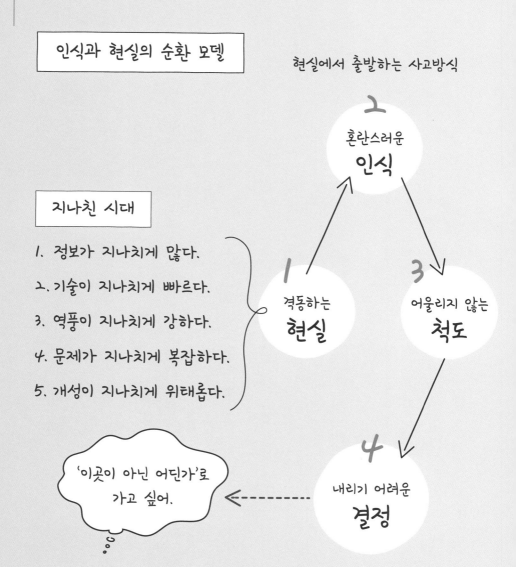

지나친 시대

1. 정보가 지나치게 많다.

2. 기술이 지나치게 빠르다.

3. 역풍이 지나치게 강하다.

4. 문제가 지나치게 복잡하다.

5. 개성이 지나치게 위태롭다.

2 혼란스러운 **인식**

1 격동하는 **현실**

3 어울리지 않는 **척도**

4 내리기 어려운 **결정**

'이곳이 아닌 어딘가'로 가고 싶어.

인식을 시작점으로 현실을 생각하자!

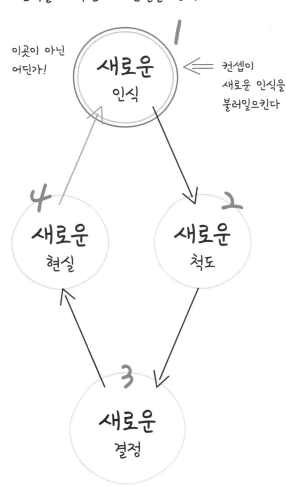

이곳이 아닌
어딘가!

컨셉이
새로운 인식을
불러일으킨다

1 새로운 인식

컨셉을 이용해
'인식을 시작점'으로
현실을 바꾸자!

4 새로운 현실

2 새로운 척도

3 새로운 결정

- '이곳이 아닌 어딘가'라는 기분이 드는 이유는 지금이 '지나친 시대'이기 때문이다.

- 정보가 지나치게 많다. 기술이 지나치게 빠르다. 역풍이 지나치게 강하다. 문제가 지나치게 복잡하다. 개성이 지나치게 위태롭다.

- 역경으로 가득한 현실을 바꿀 열쇠는 '인식을 움직이는 것'. 기획이란 사람의 인식을 움직이는 행위다.

- 그것이 어떠한 새로운 인식인지 정의한 것이야말로 기획의 컨셉이며, 요컨대 '새로운 좋음의 정의'이기도 하다. 낡은 약속을 깨트리려면 컨셉부터 생각해야 한다.

- 컨셉에서 출발하는 기획은 다시 말해 '창의적인 분노'다. 컨셉은 자신이 느끼는 의문을 새로운 인식으로 바꾸기 위해 존재한다.

- '이곳이 아닌 어딘가'를 갈망하는 마음이 있다는 것은 컨셉에서 출발하는 기획의 시작점에 서 있다는 증거이다.

제 2 장

컨셉은 우리에게
무엇을 가져다주는가

컨셉의 요소, 종류, 효과

네가 살아갈 길은 지금까지도 그리고 앞으로도 하늘에 의해 완벽하게 정해져 있으며,
그렇기에 완전히 자유롭다.

- 이노우에 다케히코, 『배가본드』 29권 중에서

격동하는 시대에

'이곳이 아닌 어딘가'를 꿈꾸는 우리가

새로운 인식을 시작으로 척도를 바꾸고, 결정을 바꾸고

현실까지 뒤흔들기 위해서는

컨셉이 무엇보다 중요한 열쇠가 된다.

개념은 알았지만, 그래서 결국

'컨셉이란 무엇을 말하는 것일까?'

2장에서는 실제로 사회의 인식을 바꾼

컨셉의 사례들을 둘러보며,

컨셉이란 무엇이며 나 자신과 주위에

어떤 영향을 미치는지

윤곽을 조금 더 파악할 수 있도록 살펴보려 한다.

앞으로 소개하는 컨셉을

'어떤 식으로 인식을 바꾸고 척도와 결정을 바꾸었으며 현실을 변화시켰는지'

상상하며 읽기를 바란다.

한 가지 더 중요한 부분은

'당신의 마음에 드는 컨셉', 즉 자신의 감성이다.

왜냐하면 당신이 느끼는 위화감이나 '이곳이 아닌 어딘가'라는 생각은

당신의 감성에서 비롯된 마음의 소리이며

앞으로 당신이 컨셉을 만들 때

반드시 필요한 부분이기 때문이다.

자신의 감성에 귀 기울이며 읽어보자.

컨셉이란 무엇인가

우선 많이 살펴보자

앞으로 컨셉이 더욱 중요해지는 이유에 대해서는 1장을 읽으며 대강 이해가 되었을 것이다. 2장에서는 '좋은 컨셉이란 무엇인가'를 조금 더 구체적으로, 실제 기획의 사례들과 함께 생각해보고자 한다.

먼저 내가 "이게 바로 훌륭한 컨셉이지!"라고 자신하는 컨셉 사례를 소개하려 한다. 사례들 중에는 당사자가 컨셉이라고 공식적으로 밝히지 않았거나 '비전'이나 '미션' 같은 다른 개념으로 여겨지는 내용도 있다. 하지만 내 나름대로 해석하기에는 이 책에서 정의하는 '컨셉'에 부합하기에 사례로 선정했다. 그 컨셉이 어떤 면에서 '좋은지', 그 컨셉에 의해 어떤 효과가 나타났는지, 부디 하나하나 상상하며 읽어보기를 바란다.

마이크로소프트 "모든 가정에 컴퓨터를"

1975년 빌 게이츠와 폴 앨런이 만든 마이크로소프트는 "모든 책상과 모든 가정에 컴퓨터를"이라는 목표와 함께 출발했다. 당시에는 터무니없이 비현실적인 컨셉이라고 많은 사람에게 비난을 받았다고 한다. 이 컨셉이 훌륭한 이유는 '지향하는 미래가 명확하기' 때문이다. 즉 어떻게 되면 성공인지를 이론적으로 측정하는 것이 가능하다. 이처럼 막연한 정신이나 마음가짐이 아니라 기업이 목표로 하는 미래의 이미지를 어느 정도 명확하게 타인과 공유할 수 있는지 그렇지 않은지는 컨셉의 중요한 포인트다.

가메야마 조합 "세계를 상대로 장사를 벌여 세상을 바꾼다"

가메야마 조합은 1865년 막부 타도를 위해 사카모토 료마와 그의 동지들이 세운 결사다. 그들은 결사로 활동하면서 당시 특히 귀했던 증기선의 운용 기술을 활용해 선박 회송과 사람 및 물자 운송 등 운수업에 종사했다. 그리고 군함이나 총기 구입 중개 등 무역상으로도 활동해 '일본 최초의 상사 회사'로 알려졌다. 사실상 일본 최초의 주식회사라고도 불린다.

샤넬 "여성의 몸을 자유롭게 하라"

세계적인 명품 브랜드인 샤넬은 "여성복의 해방"이라는 컨셉을 내걸고 지금까지 많은 여성에게 사랑받는 제품을 만들어왔다. 샤넬이 문을 연 1910년대는 여성 패션이 허리를 조이는 코르셋과 호화로운 장식 등 '남성이 바라는 아름다움'을 추구하던 시대였으나, 샤넬은 편안한 저지 소재의 옷과 손을 자유롭게 만드는 핸드백 등 자유롭고 개방적인 패션을 끊임없이 선보였다. 지금도 샤넬이 여전히 남성복을 만들지 않는 이유도 이러한 컨셉 때문이다.

닌텐도 "모든 사람이 받아들일 수 있는 게임을 만든다"

닌텐도의 컨셉은 명확하게 밝혀진 적이 없지만, 중요한 의사 결정을 할 때 길잡이가 되는 사고방식은 추측할 수 있다. 회사가 가장 위에 내건 "게임 인구의 확대"라는 컨셉을 필두로 "게임을 엄마의 적으로 만들지 않는다", "마니아나 헤비

유저만 따라갈 수 있는 게임은 만들지 않는다" 같은 개별 컨셉이 닌텐도의 사업을 관통하고 있다. 전 사장인 이와타 사토루는 생전에 게임이 가족의 적이 되어서는 안 된다는 점을 중시했으며, 그 신념을 실현하기 위해 게임기의 사회 수용성을 높이는 데 힘썼다고 말했다.

에어비앤비 "누구나 세상 어디든 머물 곳이 있는 세계를 창조하다"

에어비앤비의 서비스는 전 세계에 호텔 이외에 머무를 공간을 만들어 숙박의 선택지를 넓혀주었다. 일본에서는 '민박'이라는 컨셉이 널리 퍼진 계기가 되기도 했다. 에어비앤비의 컨셉은 "Create a world where anyone can belong anywhere"인데, 번역하면 "누구나 세상 어디든 머물 곳이 있는 세계를 창조하다"라는 뜻이다. 차별과 분단이 사람들을 근심하게 했던 2010년대의 분위기를 거슬러 '새로운 약속'을 제안한 컨셉이다.

가미야마 마루고토 고등전문학교 "기술과 디자인으로 인간의 미래를 바꾸는 학교"

2023년 개교와 동시에 큰 주목을 받은 일본 도쿠시마현 가미야마초의 고등전문학교다. 산산(Sansan) 주식회사의 최고경영자인 데라다 지카히로를 중심으로 민간 기업이 설립했다는 점이나 학비가 무료라는 점, 사업가 육성이라는 목표 등지금까지의 고등학교나 전문학교와 전혀 다른 요소들을 현실로 만들었다.

게이오기주쿠대학 쇼난 후지사와 캠퍼스 "청년은 미래에서 온 유학생"

게이오기주쿠대학 쇼난 후지사와 캠퍼스는 1990년 처음 개설된 당시부터 "청년은 미래에서 온 유학생"이라는 컨셉을 내걸고 종합형 선발 입시 최초 도입, 캠퍼스 안 네트워크 환경 구축, 모든 학생과 직원에게 메일 계정 부여 등 인터넷 보급을 위해 다양한 방안을 앞장서 실시했다. 그로 인해 학생들은 인터넷을 활용해 더 많은 배움을 얻고 이후 IT 혁명에 기여하게 되었다.

레고 "영감을 안겨주고 미래의 빌더를 키운다"

레고는 1932년 덴마크에서 탄생했다. 처음에는 "놀이의 시스템"이라는 컨셉으로 발전을 이루었으나, 1980년대에 블록에 대한 특허가 만료되면서 전 세계에서 모조품이 급격히 늘어난 데다 비디오 게임의 등장까지 맞물려 실적이 곤두박질을 쳤다. "영감을 안겨주고 미래의 빌더를 키운다"라는 말은 어떻게 밑바닥에서 다시 일어서야 할지 기업에 나침반처럼 방향을 제시해준 컨셉이었다. 이를 바탕으로 레고는 상품, 사옥, 인사 평가 제도부터 재생 가능한 블록의 소재까지 일관된 기업 운영으로 부활에 성공했다.

아이팟 "1,000곡의 노래를 주머니 속에"

스티브 잡스가 아이팟을 처음 공개했을 때 선보인 프레젠테이션은 무척 유명한데, 거기서 소개한 아이팟의 컨셉이 바로 이것이다. 상품의 목적이 무엇인지 또렷하게 전달될 뿐만 아니라 잡스가 자신의 주머니 속에서 상품을 직접 꺼내는 연출도 더해져서 매우 강렬한 인상을 남겼다. '놀라운 대용량' 같은 추상적인 표현이 아니라 '1,000곡'이라는 구체적인 숫자를 사용했다는 점도 남달라서 그대로 광고 카피가 되었다 해도 과언이 아니다.

화이브미니 "마시는 섬유"

화이브미니는 오츠카제약이 1988년에 발매한 식이섬유 음료다. 사람의 인식을 뒤집는 '섬유'를 '마신다'는 컨셉으로 지금도 여전히 사랑받으며 롱셀러 브랜드로 자리 잡았다. 앞서 소개한 "1,000곡의 노래를 주머니 속에"처럼 언뜻 상반되어 보이는 두 가지 개념을 합친 구문인데, 이런 형태는 많은 컨셉에서 찾아볼 수 있다. 잘 알려진 "먹는 라유"라는 컨셉도 마찬가지다. 물론 단순히 반대되는 말을 붙이기만 한 것이 아니라, '식이섬유의 중요성은 잘 알지만 씹어서 섭취하기는 귀찮을 것'이라는 인사이트에 '마신다'라는 해결책을 제안한 것이다. 간결한 말 뒤에 통찰이 숨어 있는 훌륭한 구조다.

요루 "밤사이 아름다움을 만들어낸다"

요루(YOLU)는 최근 신선한 컨셉의 상품들을 선보이며 대기업보다 뛰어난 실적을 올리고 있는 일본 아이엔이(I-ne)의 대표 브랜드다. 요루는 이 컨셉을 기점으로 '나이트 케어 뷰티 브랜드'라는 브랜드의 정의를 굳히고 '야간 미용'이라는 라이프스타일 키워드를 만드는 등 컨셉을 바탕으로 새로운 시장을 창조했다. 사내 경연 대회에서 탄생했다는 이 아이디어는 사실 발매 전 시장 조사에서는 결코 1등이 아니었다고 한다. 소비자의 평가만으로 컨셉을 평가할 수는 없다는 포인트도 엿보이는 사례다.

헤랄보니 "복지 실험 유닛"

장애에 대한 사회 인식의 변화와 복지에서 출발하는 새로운 문화 창조를 목표로 일본의 주식회사 헤랄보니(Heralbony)가 내건 컨셉이다. 장애인이 일방적으로 사회에 순응하는 것이 아니라 사회가 먼저 변화하고 순응하도록 만드는 것을 목표로, '혁신을 일으켜 복지라는 영역을 확장하고' 회사를 단순한 주식회사가 아니라 '복지 실험 유닛'이라고 정의했다고 한다. 이들은 장애가 있는 작가의 작품을 이용해 패션 아이템을 만들고 브랜드화하는 등 다양한 활동을 벌이는데, 그 배경에는 자사를 정의하는 남다른 컨셉이 있었다. "색다른 빛을 띠어라"라는 기업의 미션도 무척 인상적인데, 강렬한 컨셉에서 강렬한 행동 지침이 탄생한다고 새삼 실감했다.

"친구가 하는 카페"

2023년 도쿄 하라주쿠에서 문을 연 카페의 이름이자 컨셉이다. 과거 나의 동료이기도 했던 크리에이티브 디렉터 묘엔 스구루가 만든 컨셉으로, 이름 그대로 "야, 오랜만이다!", "마시고 갈래? 테이크아웃할래?" 하고 반말로 손님을 대해서 친구를 만나는 것 같은 체험을 할 수 있다. 마치 단골 가게가 생긴 것 같은 느낌이 든다며 사람들 사이에서 화제가 되었는데, 특히 젊은 세대를 중심으로 틱톡에서 크게 주목을 받았다. '점원은 정중하고 완벽하게 접객을 해야만 한다'는 인식을 뒤집어서 어딘가 있을 듯하지만 없었던 독특한 분위기와 경험을 실현했다.

"과제 선진국"

전 도쿄대학 총장 고미야마 히로시가 2007년에 내놓은 '사회 통념에 관한 컨셉'이다. 일본은 당시부터 '저출산 및 고령화', '교육 문제', '환경 자원 문제' 등 수많은 과제가 산더미처럼 쌓여 있어 온통 어두운 이야기와 분위기로 가득했는데, 고미야마 히로시는 그런 인식을 완전히 뒤바꾸었다. '과제가 많다는 것은 다른 나라보다 한 발 앞서 선진국이 나아갈 미래를 경험하는 것'이며 '문제를 해결하면 세계 역사의 주역이 되어 본받을 대상으로 거듭날 것'이라며 180° 다른 긍정적인 생각을 컨셉에 담아낸 것이다. 십수 년이 흐른 지금도 이 컨셉이 어색하게 느껴지지 않는 이유는 현실이 아닌 인식을 비틀어 미래의 가능성을 알아차리게 유도했기 때문이다. 그야말로 1장에서 다룬 사고법과 일맥상통하는 컨셉이다.

"유루 스포츠"

세계유루스포츠협회의 대표인 사와다 도모히로가 만든 '사회 통념에 관한 컨셉'
이다(유루 스포츠에서 '유루'는 느슨하고 헐렁하다는 뜻의 일본어 '유루이'에서 따왔다-옮
긴이). 실제로 몸치라는 그는 '이겨야 의미가 있다', '운동 신경이 없는 사람이나
체격 또는 나이 때문에 핸디캡이 있는 사람은 운동을 즐기기 어렵다' 같은 스포
츠의 상식을 깨트리기 위해 연령, 성별, 운동 신경, 장애의 유무 등에 상관없이
누구나 즐길 수 있는 스포츠를 만들자는 생각으로 이러한 컨셉을 생각했다고
한다. 운동을 못하는 내 잘못이 아니라 스포츠의 규칙이 나와 맞지 않는 탓이라
는, 그야말로 '창의적인 분노'의 발상에서 탄생한 컨셉이다. 지금껏 운동을 하며
많은 이유로 좌절했던 사람들에게 지지를 얻어 2016년 본격적으로 출발해 지금
까지 꾸준히 주목받고 있다.

스타벅스 "제3의 공간"

집도 직장도 아닌 "제3의 공간"이라는 컨셉을 내건 스타벅스는 사람들의 새로운
생활양식이 되어 기존의 '찻집'이나 '카페'와는 다른 위치를 차지했다. '제3의 ○
○'이라는 구문은 컨셉에서 자주 등장하지만, 어떤 점에서 제1, 제2의 무언가와
다른 제3의 무엇이라 할 수 있는지를 명확하게 정의해야 한다.

"퍼스널 컴퓨터"

지금은 전 세계의 사람들이 당연하게 인지하고 있는 '사회 통념에 관한 컨셉'이
다. 이 컨셉을 만든 앨런 케이는 1960년대 후반부터 1970년대 초반에 걸쳐 당시
그가 몸담고 있던 제록스의 팰로앨토 연구소에서 컴퓨터의 미래에 대해 고민하
고 있었다. 그때까지 컴퓨터란 방을 몇 개나 차지할 정도로 거대한 데다 사용하

려면 전문 지식이 필요하고 몹시 비싸서 일반인과는 연이 없는 존재였다. 앨런 케이는 컴퓨터를 교육 분야에 응용하는 방법을 고안하다가 "어린이를 위한 컴퓨터"라는 초기 컨셉을 생각했고, 이를 발전시켜 모든 사람이 컴퓨터를 사용해 더 나은 미래를 만든다는 생각으로 "퍼스널 컴퓨터"라는 개념을 만들어냈다. 이 컨셉이 많은 개발자와 컴퓨터 산업의 방향을 크게 좌우했다는 점은 지금의 컴퓨터와 인간의 관계를 보면 말할 필요도 없는 사실이다.

자, 어떤가.

이렇게 살펴보면 컨셉은 상품, 기업, 사회 통념 등 다방면에 걸친 '기획' 속에 포함되어 있으며 우리의 생활과 사회 곳곳에 존재한다는 사실을 알 수 있다. 어느 수준 이상으로 세상에 알려지고 많은 사람의 지지를 받는 기획에는 컨셉이 있다고 말할 수 있는데, 거꾸로 말하면 **'컨셉이 있었기에 사랑받는 존재가 된 것'**이라고도 볼 수 있다.

▄ 컨셉을 구성하는 '세 가지 요소'

먼저 지금까지 살펴본 사례들이 공통적으로 갖춘 '컨셉을 구성하는 요소'란 무엇일까? 간단하게 정리하면 컨셉은 다음의 세 가지로 구성되어 있다.

1. 누구에 의한? (by)
2. 누구를 상대로 한? (for)
3. 무엇에 관한? (what)

첫 번째 요소인 '누구에 의한'은 **'정의한 컨셉을 실제로 사용하는 사람은 누구인 가'**라는 의미다. 여기서 '사용'이란 컨셉을 바탕으로 기획을 구상한다는 뜻이다. 일본의 여성 아이돌 그룹 AKB48을 예로 들면 'AKB48의 멤버 및 운영자'가 되며, 스타벅스라면 '스타벅스 본사 및 직원'이 된다. 퍼스널 컴퓨터라면 '당시 컴퓨터 산업에 종사했던 수많은 사람'이 되는 셈이다. 가장 작은 단위로 보면 '어느 한 사람'부터 가장 크게는 '국가' 수준까지 규모는 한없이 다양하다.

두 번째 요소인 '누구를 상대로 한'은 **'이 컨셉을 바탕으로 구상한 기획은 누구 에게 영향을 미치느냐'**를 뜻한다. AKB48이라면 '아이돌 팬'이 되고 스타벅스라면 '스타벅스의 고객'이 된다. 퍼스널 컴퓨터라면 당시부터 '지구상의 거의 모든 사람'을 표적으로 삼았다고 할 수 있다. 꼭 하나로 한정되지는 않으며 직접 돈을 지불하는 사람만 해당하는 것도 아니다. '고객'이나 '소비자'라고 해도 대부분 들어맞지만, 상품이나 서비스를 사고파는 행위를 전제로 하지 않는 기획과 컨셉도 있으니 소비라는 말로 묶어버리기는 어렵다. 우선은 "가치를 알아봐주었으면 하는 상대는 누구인가?" 정도로 이해해두면 된다.

세 번째 요소인 '무엇에 관한'은 **'컨셉의 대상'**을 가리킨다. AKB48, 스타벅스 등 기획의 대상 그 자체가 무엇인지를 뜻한다. 세 가지 가운데 가장 쉬워 보이지만, 실제로 컨셉을 검토하는 단계에서는 의외로 길을 잃을 때가 많다. "어, 지금 생각하는 게 팀의 컨셉인지, 이번 프로젝트의 컨셉인지, 프로젝트로 만드는 상품의 컨셉인지 헷갈리는데……" 하고 말이다. 컨셉을 생각하는 사이 '컨셉을 정해서 무엇을 얻고자 하는지'가 이리저리 뒤엉키는 것이 주된 원인인데, 명확하게 정리하는 방법도 추후 설명할 예정이다.

누구에 의한, 누구를 상대로 한, 무엇에 관한 컨셉인가?

컨셉은 이 세 가지 요소로 이루어진다는 것을 우선 이 책의 대전제로 삼겠다.

▛ 컨셉의 '세 가지 종류'

그리고 지금까지 살펴본 다양한 컨셉을 세 번째 '무엇에 관한'으로 나누면, 세상에는 크게 세 가지 종류의 컨셉이 존재한다.

A. '사람 기획'의 컨셉
주요 예시: 기업, 단체, 팀이나 그룹, 유닛이나 콤비, 부서나 부문, 학교, 가족이나 가문, 공동체, 지역

B. '사물 기획'의 컨셉
주요 예시: 상품, 서비스, 시설, 이벤트, 캐릭터

C. '사상 기획'의 컨셉
주요 예시: 연구 활동, 마케팅 전략, 국가 운영 방침, 라이프스타일, 표현, 구상, 가치관, 사회 현상

먼저 '사람 기획'의 컨셉은 '우리는 누구이며 어떤 뜻을 지닌 어떠한 존재인지에 대한 정의'라 고쳐 말할 수 있다. 크게 보면 기업의 경영 방침도 여기에 포함된다. 대상은 한 사람부터 수천 명 단위의 집단까지 한없이 다양하다.

다음 '사물 기획'의 컨셉은 상품이나 서비스의 컨셉을 가리킨다. 지금 편의

점에 가서 판매대를 둘러보면 어떤 상품이든 각각의 컨셉이 있을 것이다. 또는 AKB48 같은 아이돌 그룹이나 스포츠 팀은 어떤 의미에서는 A '사람 기획'이기도 하지만, 상품이라는 측면으로 바라보면 B '사물 기획'으로도 분류할 수 있다.

세 번째 '사상 기획'의 컨셉은 이 중에서도 가장 실체가 불분명한 데다 "A와 B도 사상에 관한 이야기 아닌가?"라고 지적해도 할 말이 없는 분류다. 하지만 달리 말하면 특정한 사람이나 사물과 일대일로 대응하지 않는 사고방식이나 가치관 그 자체의 컨셉이라고 할 수 있다. 비즈니스에서는 '마케팅 컨셉', '디자인 컨셉', '올해 하반기의 영업 활동 컨셉' 같은 내용부터 '경제개발 5개년계획' 같은 국가 운영의 컨셉도 C에 해당한다.

사실 엄밀히 분류하는 데는 그다지 의미가 없고, 좋은 컨셉일수록 A '사람 기획', B '사물 기획', C '사상 기획'의 구별을 뛰어넘어 폭넓은 의미를 담아내는 법이니 머릿속을 정리하는 정도로만 알아두면 충분하다.

지금까지 '컨셉의 구성 요소와 종류'에 주로 어떤 유형이 있는지 살펴보았다. 각각의 개념을 예시를 들어 정리하면 이런 내용이 된다.

A. '경영층에 의한' '모든 사원을 상대로 한' '기업 매니지먼트에 관한' 컨셉

B. '마케팅팀에 의한' '고객을 상대로 한' '브랜드 X에 관한' 컨셉

C. '정부에 의한' '국민을 상대로 한' '이번 연도의 국가 운영에 관한' 컨셉

이제 어느 정도 이해가 되었을까?

이미 알아차린 사람도 있겠지만, 실제로 세 가지 구성 요소가 모두 같은 내용이 되는 경우도 있다. 특히 기업이 주어가 되는 컨셉에서는 "직원에 의한, 직원을 상대로 한"처럼 당사자와 가치를 받아들이는 쪽이 동일한 경우가 적지 않다. 혹

은 AKB48처럼 당사자 자체가 상품이 되는, 다시 말해 첫 번째 요소와 세 번째 요소가 거의 같은 의미일 때도 있다. 극단적으로 말하면 '우리에 의한 우리를 상대로 한 우리에 관한 컨셉' 같은 내용도 있을지도 모른다.

이처럼 각각의 요소가 동일해지는 현상은 점점 늘어나고 있는 듯 보인다. 지금은 기술로 사람과 사람이 연결되며, 비즈니스도 일상생활도 '주체와 객체'처럼 동떨어진 관계가 아니라 같은 입장에서 동등하게 상호 작용하며 함께 창조하는 관계성이 널리 확산되는 시대이기 때문이다.

예를 들어 '공동체의 컨셉'은 운영자와 참여자가 따로따로 준비할 필요도 없을뿐더러 컨셉을 사용하는 쪽과 거기서 만들어진 가치를 받아들이는 쪽이 각각 분명히 나뉘지 않는 경우가 더 많다.

어떤 계층이나 입장을 가진 사람이라도 뜻을 명확하게 이해할 수 있고 가치의 단단한 뿌리가 되는 컨셉이야말로 최고의 컨셉일지도 모른다는 이야기는 나중에 자세히 살펴볼 예정이다. 다만 처음부터 '모두의 컨셉'처럼 하나로 뭉뚱그려 생각하면 "평화로운 미래를 모두와 함께"처럼 지나치게 추상적인 내용만 떠오를 우려가 있으니, 지금은 우선 나누어서 이야기를 진행하려 한다.

컨셉의 요소와 종류

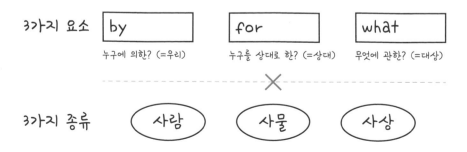

컨셉은 어떤 효과를 불러일으키는가

▜ '훌륭한 컨셉'이 지닌 다섯 가지 효과

앞서 소개한 '훌륭한 컨셉'들은 누구에게 무엇을 가져다줄까?

좋은 컨셉의 대표적인 효과는 아래와 같이 다섯 가지로 나타낼 수 있다.

굳어지다

번뜩이다

두드러지다

모여들다

지속되다

각각 어떤 뜻인지 설명하기 전에 먼저 해두고 싶은 이야기가 있다. 내가 예전에 살던 마을의 메밀국숫집에서 실제로 있었던 일이다. 그 가게는 유명하지는 않지만 제법 맛이 좋아 그 지역 사람들에게 사랑받는 식당이었다.

그런데 어느 날 갑자기 점심 메뉴에 나폴리탄 스파게티가 추가되었다. '왜 갑자기 그런 메뉴를……?' 하고 머릿속에 물음표를 그린 사람은 나 혼자만이 아니었을 것이다. 주위를 둘러보니 스파게티를 주문하는 사람은 거의 없었다. 그때부터 나는 그 가게를 자주 찾지 않게 되었고 안타깝게도 얼마 지나지 않아 가게는 문을 닫고 말았다.

이 에피소드는 '컨셉을 잃어버린 탓에 문제가 일어난 나쁜 사례'로 내 기억 속에 남아 있다. 나폴리탄이 맛있었는지 맛없었는지는 나도 주문한 적이 없어서 더는 확인할 도리가 없지만, **문제는 '나폴리탄 스파게티의 좋고 나쁨'이 아니다.** 대체 무슨 일이 일어났는지는 앞으로 컨셉의 효과를 하나하나 살피다 보면 이해가 되겠지만, 간단히 말해 이렇게 볼 수 있다.

> 나폴리탄 스파게티를 메뉴에 넣은 탓에
> - 가게의 존재 의의가 단단히 '굳어지지 않고 흔들리기 시작했다'
> - 가게의 개성이 담긴 아이디어가 '번뜩이지 않게 되었다'
> - 나폴리탄 때문에 가게의 존재감이 '두드러지지 않게 되었다'
> - 지금까지 가게를 찾던 손님들이 '모여들지 않게 되었다'
> - 결국 가게를 '지속할 수 없게 되었다'

그렇다면 좋은 컨셉을 가지고 컨셉의 내용에 따라 가게를 운영했다면 오래도록 자리를 지킬 수 있지 않았을까?

이번에는 컨셉의 효과를 하나하나 자세히 살펴보자.

▪️ 첫 번째 효과, '굳어지다'

첫 번째 효과는 '기획을 통해 만들어나가야 할 가치의 방향이 단단히 굳어진다'는 것이

다. 가치의 방향이 또렷하게 정해지면 '언제 어디서 누구를 상대로 무엇을 목적으로 어떤 일을 하는가' 같은 기획의 다양한 변수를 결정할 기준도 정해진다. 컨셉의 대상인 기획의 '인식 = 그것을 어떻게 인식하게 할 것인가', '척도 = 무엇을 추구해야 하는가', '결정 = 어떻게 결정해야 하는가'의 방향이 단단히 굳어진다고 말할 수도 있다.

AKB48을 예로 들어보자.

계획이 아무것도 정해지지 않은 처음 단계에서 '지금까지 존재하지 않았던 더 좋은 아이돌'을 구상하기로 했다고 가정해보자. 그렇다면 '더 좋은'이란 어떤 면에서 '더 좋다'는 뜻일까? 춤을 더 잘 추는, 노래를 더 잘하는, 더 예쁜, 더 많은 팬을 끌어모으는……. 온갖 기준에 따른 '더 좋은'을 생각할 수 있다. 하지만 아무런 컨셉 없이 떠올린 척도들은 대부분 이미 그 영역에서 '좋다'고 정의되어 있는, 이미 존재하는 척도다.

이미 존재하는 척도로 '더 좋은 것'을 만들려 해도 사람들의 인식을 초기화하는 기획은 만들기 어렵지 않을까? 최근에 데뷔한 새로운 그룹이니 어딘가 괜찮아 보일 수는 있어도 엄청나게 뛰어난 면, 완전히 새로워 보일 만큼 강렬한 부분이 없다면 '어디서 본 것 같은 그룹'으로 느껴질지도 모른다.

그러므로 **'새로움'이란 신제품이나 갓 데뷔한 아이돌처럼 '사실상의 새로움'이 아니라 사람들에게 새로운 존재로 느껴지는 '인식의 새로움'에서 비롯된다.** 즉 기획을 하는 쪽이 새로움을 결정하는 것이 아니라, 받아들이는 쪽이 새롭다고 느낄지 말지를 결정한다는 이야기다. 그리고 기존 척도의 연장선 위에서 '새롭다고 인식하도록' 만들기란 결코 쉽지 않다.

AKB48이 내놓은 컨셉은 "만나러 갈 수 있는 아이돌"이다. 과거 아이돌업계에서는 거의 찾아볼 수 없었던 '만날 수 있다'라는 새로운 생각, 아이돌에 대한 새로운 인식을 내세운 것이다. 기존의 아이돌업계는 아이돌은 만날 수 없기에 오히려 가치가 있다는 인식을 가지고 있었다. 높은 산 위의 꽃처럼 손이 닿지 않는 존재이기에 사람들이 동경하는 법이라며 일종의 신비성과 우상성(본래 'idol'이라는 말은 우상이라는 뜻이다)을 바람직하게 여겼다.

기존의 인식과 달리 "만나러 갈 수 있는 아이돌"이라는 컨셉은 '아이돌에 대한 사람들의 인식을 완전히 초기화하는' 내용이었다. 인식이 초기화되면 자연히 아이돌의 좋고 나쁨을 좌우하는 척도도 초기화되고 새로운 방향이 정해진다. 가창력, 춤 실력, 미모 같은 기존의 척도 속에 갑자기 '만날 수 있는가'라는 새로운 척도가 생기는 것이다. 그리고 이 척도에 따라 새로운 아이돌이 실제로 무엇을 해야 하는지 구체적인 행동의 방향도 결정된다.

인식(사람들이 이렇게 생각했으면 좋겠다) = '만날 수 있는 아이돌'이라는 새로운 인식

척도(이것을 추구하자) = 얼마나 자주 '만날 수 있는가'라는 새로운 척도

결정(그러니 이렇게 하자) = 실제로 팬들을 만나는 구체적인 행동이라는 새로운 결정

다시 말해 세 가지 초기화 항목에 대해서 **"어떻게 초기화할 것인가?"**라고 하는 **'축이 굳어진다'**는 뜻이다.

축이 단단히 굳어지면

'효율이 높아진다'

- 논점에 에너지를 온전히 집중할 수 있어서 논의의 농도가 높아진다.
- 결정이 수월해져서 시간을 단축할 수 있다.
- 많은 관계자의 합의를 이끌어내는 과정도 견딜 수 있다.

×

'독창성이 높아진다'

- 나쁜 의사 결정에 빠지지 않게 된다.
- 지금까지의 상식으로는 채택할 수 없었던 아이디어를 채택할 수 있게 된다.

여기서 말하는 '나쁜 의사 결정'에는 다음과 같은 네 가지 종류가 있다.

1. 권위자의 한마디

높은 사람이 좋다고 말하는 의견을 채택한다. 여기서 말하는 '높은 사람'이란 상사나 사장뿐만 아니라 더 큰 힘을 지닌 거래처 등도 포함된다.

2. 사례를 바탕으로 한 결정

다른 회사는 어떻게 했나, 경쟁사는 어떤가, 실리콘밸리는 뭐라고 할까……. 이렇게 바깥에서만 답을 찾다가 다른 사람의 의견에 끌려가듯이 결정을 내린다.

3. 다수결

의사 결정에 관여하는 사람들끼리 투표를 해서 결론을 내린다.

4. 마지못해

들일 수 있는 시간 등 여러 자원이 고갈될 때까지 결정하지 못하다가 마지막에 어쩔 수 없이 결론을 내린다.

전 일본 축구 국가대표 감독이었던 오카다 다케시는 이렇게 말했다.

"결단이란 답을 모르기 때문에 내리는 것입니다."

이 말에 비추어 보면 나쁜 의사 결정은 모두 '답이 있다'는 전제하에 움직이고 있는 셈이다. 말하자면 전부 다 '지금까지의 인식과 척도에 따른 결정'이 되기 쉽다는 뜻이다.

'높은' 사람이라는 기준도 과거의 실적을 바탕으로 정해지는 경우가 대부분이니 '사례'란 그야말로 과거의 이야기나 다름없다. 그런 사례를 토대로 의사 결정을 내리면 남이 이미 했던 일을 그대로 '뒤따르는' 상황이 될 뿐이다. '다수결' 또한 새로운 기준을 제시한 뒤 마지막으로 결정하기 위해 의견을 모으는 목적이라면 나쁘지 않겠지만, 어찌해야 할지 모를 만큼 문제가 복잡해서 다수결로 정해야겠다는 생각이라면 결국 기존의 인식과 크게 다르지 않으므로 새로운 의사 결정이 되지 못한다. '마지못해'는 말할 필요도 없다. 어차피 그런 식으로 결단을 내린다면 차라리 첫날에 과감하게 결정하고 남은 시간 동안 세세한 부분을 손질하는 편이 훨씬 좋은 기획이 되기 때문이다.

나쁜 의사 결정은 이런 현상을 불러일으킨다.

- 기획이 도무지 통과되지 않는다. 늘 퇴짜만 맞는다.
- "이게 팔리나?"라는 한마디 말로 불가능한 증명을 강요한다.
- 더 좋은 방안은 없을지 끝없이 대안을 찾게 된다.

'이곳이 아닌 어딘가'로 나아갈 기미는 조금도 보이지 않는다. 왜냐하면 **현재 상황을 유지하고 강화하는 '나쁜 의사 결정'은 애초에 '이곳'을 전제로 하기 때문이다.**

이미 존재하는 인식과 척도의 인력은 무척 강하다. 입으로는 "매출이 전부는 아니다", "경쟁사의 동향이 전부는 아니다"라고 말하는 경영진도 막상 참신한 아이디어를 채택할지 말지 결정하는 순간이 오면 "음, 하지만 역시 매출도 중요하니까……"라며 결국 평소와 같은 일을 반복할 때가 많다.

자기 회사에는 혁신적인 기획을 내놓는 사원이나 젊은 세대가 없다며 한탄하는 경영자를 만나면 나는 늘 이렇게 말한다.

"혁신을 일으키지 못하는 이유는 단순히 기획이 부족해서가 아니라, '혁신적인 기획을 결정할 수 있는 구조가 조직 안에 마련되어 있지 않아서'일지도 모릅니다."

그런 현실의 그늘 아래에 아무도 모르게 죽어가는 기획 혹은 채택되지 않는다는 생각에 포기해서 빛도 보지 못한 혁신적인 기획이 숨어 있을지도 모른다.

컨셉이 있으면 앞으로 추구해야 할 '새로운 바람직함'의 척도가 명확히 정해지지 않은 위태로운 상태를 피할 수 있다. 물론 기획하는 사람도 의사 결정을 하는 사람만의 문제로 보지 않고 '명확한 컨셉이 담긴' 기획을 제시해서 어떤 '새로운 바람직함'을 지니고 있는지 알려주어야 한다. 말하자면 '결정하는 방법을 결정하도록' 유도하는 것이다. **컨셉이란 '정답을 찾는 기술'이 아니라 '정답이 없는 문제 앞에서 결단을 내리는 기술'인 셈이다.**

내가 좋아하는 척도에 관한 사례 중에 닌텐도의 KPI(핵심성과지표)에 관한 이야기가 있다. 닌텐도는 게임 사업에서 '세대당 유저 수'와 '거실 설치율'이라는 독자적인 지표 두 가지를 KPI로 설정했다.

이 KPI는 나이, 성별, 경험의 유무와 상관없이 누구든 즐길 수 있는 게임을 만든다는 회사의 비전을 바탕으로 "가족의 단란함을 방해하는 게임을 만들고 싶지 않다"라는 회사의 뜻을 그대로 담고 있다. 게임이라고 하면 아이가 밤낮없이 게임에 매달려 엄마에게 야단을 맞거나 방에 틀어박혀 게임만 하느라 가족 간의 대화가 줄어들어 결국 '가족의 적'이 되는 등의 다양한 악영향을 이야기하곤 한다. 따라서 회사의 사업이 가족의 행복을 해치는 방향으로 나아가지 않도록 이런 KPI를 설정한 것이다.

예를 들면 개인을 대상으로 한 스마트폰 게임으로 유료 사용자를 늘리는 것이 매출 향상에 효과적이라는 전략이 나오더라도, 이는 닌텐도의 컨셉과 반대되니 따르지 않겠노라 결정한다. 경영이라는 영역에서 결코 반론하기 어려운 '이득'이라는 강력한 척도에 저항하면서 '자신에게 어울리는 새로운 척도와 결정'을 지키기 위해 컨셉을 활용하는 대표적인 일화라 할 수 있다.

최근 다양한 기업에서 '비재무적 성과지표(재무적 성과 이외에 환경, 사회, 지배 구조 등 기업의 가치에 영향을 미치는 성과지표-옮긴이)'의 중요성이 거론되는 이유도 이와 같다. 단기간의 매출을 중시하는 의사 결정 방식으로는 결코 붙잡을 수 없는 가능성을 지키고자 하는 것이다. 그러므로 **기업에게 비재무적 성과지표란 '컨셉을 실현한 정도'이기도 하다.**

미국에서 손꼽히는 투자가인 벤 호로위츠는 "기업에게 중요한 것은 무엇인가?"라는 질문에 이렇게 대답했다.

"돈은 공기와 같이 중요하지만, 공기를 마시기 위해서 살아가는 사람은 없다. 기업도 마찬가지다."

공기를 위해서가 아니라 '무엇을 위해서 기업과 조직이 존재하는가?'를 정의하는 것 또한 컨셉이라 할 수 있다.

컨셉이 있으면 '자신에게 알맞은 방식으로 결정을 내릴 수 있다'는 것이 컨셉의 첫 번째 효과다. 지금 이 시대는 복잡한 적응 과제로 가득하므로, **'독자적인 의사 결정 방식을 정해' 독자적인 아이디어를 채택하기 위해 컨셉은 반드시 필요하다.**

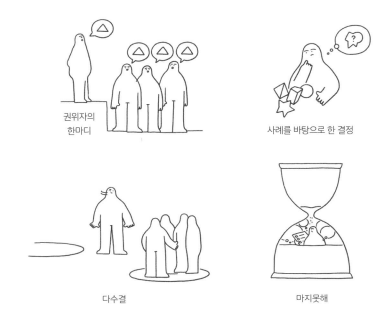

권위자의
한마디

사례를 바탕으로 한 결정

다수결

마지못해

▛▟ 두 번째 효과, '번뜩이다'

자신이 추구해야 할 남다른 척도가 무엇인지 정해지면 '어떤 방향으로 아이디어를 내놓아야 하는지'가 명확해져서 더욱 번뜩이는 아이디어가 나오기도 쉬워진다. 또렷한 기준 없이 그저 막연히 "뭔가 좋은 아이디어를 생각해야지!"라고 마음먹으면 다른 사람의 흉내, 잔재주 싸움, 저렴함이나 물량을 전제로 한 체력 다툼이 되기 십상이다.

또 시장을 점유한 대기업이나 이미 분야를 선도하는 기업이 이기기 쉬운 무대에 스스로 뛰어드는 꼴이나 다름없다. 다른 사람이 이미 열심히 고민하고 있는 문제를 뒤늦게 같은 출발선에 서서 생각하는 것이다. '뭔가 좋은 아이디어'란 '이곳이 아닌 어딘가'의 한 가지 유형이라고도 말할 수 있다. 따라서 명확한 기준이 없는 상태로는 현재 상황에 대한 불평불만이나 생떼를 벗어나지 못한다.

이를테면 "더 좋은 아이돌에 대한 아이디어를 생각하라!"보다 "더 자주 만날 수 있는 아이돌에 대한 아이디어를 생각하라!"가 적절하다. 그렇게 머릿속으로 스스로에게 지시하면 기존의 인지에서 벗어나 어떤 아이디어를 내놓아야 하는지를 단숨에 파악할 수 있지 않을까?

더불어 닌텐도의 사례처럼 '피해야 할 아이디어'도 분명해져서 기획의 스트라이크 존이 또렷해진다. 닥치는 대로 여기저기 공을 던지기보다는 명확한 표적을 바라보고 공을 던져야 당연히 좋은 아이디어가 떠오를 가능성도 높아진다. 다시 말해 **컨셉은 좋은 아이디어를 부르기 위한 '좋은 물음'**인 셈이다.

"만나러 갈 수 있는 아이돌"이라는 컨셉은 '어떻게 하면 지금까지의 아이돌과 차별화된, 만나러 갈 수 있는 존재가 될까?'라는 물음으로 바꿀 수 있다. 그렇기에 극장 공연, 총선거, 악수회 같은 새로운 발상으로 이어진 것이 아닐까?

첫 번째 효과인 '굳어지다'와 두 번째 효과인 '번뜩이다'는 언뜻 반대되어 보이지만, 컨셉을 축으로 좋은 순환을 만들어낸다.

이 기획에서 추구해야 할 척도가 단단히 '굳어진다'

↓

척도에 따른 '좋은 물음'이 떠올라 독창적인 아이디어가 '번뜩인다'

↓

떠오른 아이디어 가운데 척도에 맞는 아이디어가 단단히 '굳어진다'

■ 세 번째 효과, '두드러지다'

세 번째 효과인 '두드러지다'는 '굳어지다'와 '번뜩이다'의 상승효과가 높아지면 높아질수록 '고유한 개성'이 겉으로 드러난다는 뜻이다. 첫 번째와 두 번째 효과는 기획을 하는 사람의 이야기이지만, 세 번째 효과인 '두드러지다'는 기획을 바깥에서 바라보는 사람의 이야기도 포함된다.

정보가 지나치게 넘쳐나는 시대에 '두드러진다'는 점은 무척 중요하다. 예전에는 근처에 가게가 하나뿐이면 그곳을 찾아가는 수밖에 없는 시대였다. 하지만 지금은 어떤 정보에든 쉽게 접근할 수 있는 시대다. 따라서 두드러져 보이지 않으면 아무리 가까워도 제대로 인지조차 하지 못할 가능성이 한도 끝도 없이 높아지고 있다.

사람은 많은 것을 보고 많은 정보를 접하면 자연히 '보는 눈'이 높아지고 감각이 좋아진다. 따라서 많은 정보 속에서 살아가는 사람들은 이제 무엇이 자신에게 맞는지 맞지 않는지를 순식간에 판단하고 정보를 직감적으로 걸러낼 줄 안다. 그렇기에 컨셉을 단단히 다지고 눈에 띄게 만들지 않으면 선택받을 수 없다.

또한 기획을 두드러지게 하는 컨셉의 효과는 그 기획을 전혀 모르는 사람에게 소개할 때 특히 효과적이다. '네가 말하는 그게 정확히 뭔데?'라는 점을 이해하기 쉬울수록 기억에 잘 남고 다른 사람과 공유하기도 쉽기 때문이다. 다양한 변수를 주절주절 설명해야 하는 기획은 공유하는 상대에게도 부담이 된다. 실제로 젊은 세대를 연구하면서 이 점이 생각보다 중요한 포인트라고 실감했다. 실제로 청년들은 바쁜 상대방의 시간을 빼앗지 않도록 설명하기 어려운 일은 입에 담지도 않는 것을 기본 매너처럼 여긴다. 이런 상황에서 가장 눈에 띄는 기획의 '개성'을 한마디로 전할 수 있다는 점은 강력한 전파력으로 이어진다.

특히 아직 기획이 구체적으로 정해지지 않은 단계에서는 팀원이나 다른 팀 직원에게 실물을 보여주며 설득할 수는 없다. 완전히 새로운 기획을 세상에 내놓을 때도 마찬가지다. 새로운 상품이나 서비스에 대한 기대치는 전혀 없는 셈이니 '아직 존재하지 않는 것에 대한 기대'를 이끌어내려면 무엇보다 컨셉을 두드러지게 만드는 것이 중요하다.

컨셉이 있으면 이처럼 내용을 '쉽게 전달할 수 있을' 뿐만 아니라 기획의 모든 구성 요소에 통일된 세계관이 생기는 효과도 나타난다. 컨셉이란 반드시 겉으로 드러나는 말이 전부가 아니므로 컨셉 자체가 사람의 마음을 사로잡는 것은 아니지만, 컨셉에서 비롯된 모든 것이 조화를 이루어 '눈에 띄는' 존재감을 발산한다.

그 결과 '왠지 모르게 좋은' 상태가 된다. 상품이나 서비스와 관련된 모든 활동을 축적해 득점으로 연결할 수 있는 상태. 그것이 기획의 핵심에 컨셉이 존재하는 상태다. 무엇보다 '왠지 모르게 좋은' 상태란 일종의 가장 강력한 지향점이라 할 수 있다. 왜냐하면 말로 표현할 수 없는 매력은 가장 흉내 내기가 어렵기 때문이다.

'빠르다', '저렴하다', '오래간다' 같은 개별적인 사양이 아니라 브랜드나 상품의 분위기가 '왠지 모르게 좋은' 상태. 그건 곧 존재 자체에 '세계관이 있는' 상태라고도 말할 수 있다. 각각의 사양만으로 상품의 '개성'을 두드러지게 만들려고 하면, 결국은 '더 빠르고' '더 저렴한' 상품이 나온 순간 부족한 기획으로 전락하고 만다.

컨셉을 기획의 중심에 두고 '굳어지다'와 '번뜩이다'의 긍정적인 순환 과정을 거듭하면 통일된 세계관이 탄생한다. 그리고 마침내 '왠지 모르게 좋은', 기획의 가장 궁극적인 상태에 도달할 수 있다.

이것은 결코 고객에게만 한정된 효과가 아니라 직원부터 지역 주민까지 기획과 관련된 모든 사람에게 '반드시 이것이어야만 하는 이유'가 되어준다. 적응 과제로 가득한 이 시대에 사람들은 고객은 기뻐하지만 직원은 지쳐가고, 주주의 비위를 맞추기 위해 거래처에 무리한 요구를 하는 이른바 '한쪽을 세우면 다른 한쪽이 무너지는' 경영에 의문을 가지고 있다. 이처럼 기존의 경영 방식을 되돌아보고 이해관계자 자본주의(기업의 주주뿐만 아니라 고객, 노동자, 채권자, 사회 등 모든 이해관계자를 고려하는 자본주의-옮긴이)를 외치는 시대에, 컨셉의 '두드러지는' 효과는 특히나 더욱 큰 의미가 있다.

어쩌면 메밀국숫집의 나폴리탄 스파게티는 '통일된 세계관'을 몸소 무너뜨리고 그동안 쌓아 올린 '왠지 모르게 좋은' 느낌을 위태롭게 만들어버린 사례일지도 모른다.

▜ 네 번째 효과, '모여들다'

기획과 관련된 모든 사람에게 '반드시 이것이어야만 하는 이유'가 생기면, 자연히 기획에 필요한 다양한 에너지도 한층 쉽게 모여든다. 구체적으로는 사람, 물건, 돈, 주목 등이 집중된다.

무엇보다 더 많은 **고객**을 끌어들일 수 있다. 이목을 끌어서 기획의 표적으로 삼은 고객이 '아, 이건 나 같은 사람을 위한 거야!'라고 생각하게 유도하고, 고객이 정보의 바다 속에서 기획을 좀 더 쉽게 발견하도록 만든다. 그와 동시에 기획과 맞지 않는 사람이 실수로 접근했다가 실망하지 않도록 방지하는 효과도 있다. "기획과 관련된 모든 사람"이라는 표현의 참뜻은 사실 여기에 있다. 기획을 할 때 '이 기획에 관심을 가졌으면 하는 사람과 그렇지 않은 사람의 경계선은 어디에 그어야 하는가?'라는 정의 또한 컨셉에 따라 정해진다는 뜻이다.

컨셉이 "만나러 갈 수 있는 아이돌"이라면 아이돌을 만나고 싶어 하지 않는 사람은 경계선 바깥으로 벗어나게 된다. 좁든 더럽든 담배 냄새가 나든 상관없이 커피가 저렴하기만 하면 된다는 사람도 스타벅스의 컨셉으로 보면 경계선 밖의 사람이라 할 수 있다. 좋은 컨셉은 상품을 누구에게나 사랑받도록 만드는 것이 아니라 좋아하는 사람과 싫어하는 사람을 명확하게 구분해서 '뭐든 상관없다고 생각하는 사람을 줄이는' 효과가 있다. 모든 기획에는 '적절한 범위'가 있으며, 매출이나 고객 수가 많으면 많을수록 무조건 좋다고 볼 수는 없다. 컨셉은 '적절한 범위'를 정하는 근거가 된다.

두 번째 효과 '번뜩이다'에서 '피해야 할 아이디어가 명확해진다'라고 말한 것과 마찬가지로, 억지로 끌어들였을 때 기획의 개성이 무너지는 대상을 컨셉을 통해 미리 정해둠으로써 누군가 헛된 기대를 품지 않도록 만들 수 있다. 결국 모여든 사람은 같은 동기를 지닌 집단이 되므로 팬들의 연대감이 강해지고 그들이 사랑하는 대상의 매력을 널리 알릴 원동력이 된다.

모여드는 것은 고객만이 아니다. 기획을 운영하는 사람에게 필요한 다양한 자본도 훨씬 쉽게 손에 넣을 수 있다.

예를 들면 **인재**도 그렇다. 앞서 이야기한 코로나 바이러스에 대한 세계보건기구의 대응 방식처럼 적응 과제를 해결하려면 각기 다른 능력을 한데 모아야 한다. 각각의 전문성을 초월하고 마찰을 극복해 새로운 해답을 내놓아야 하는데, 실제로 그런 집단은 동질성이 높은 집단보다 훨씬 '성가시기' 마련이다. 이 성가심 때문에 팀이 와해되거나 결국 선례에 따라 '나쁜 의사 결정'으로 기획을 채택해서는 적응 과제를 해결할 수 없다.

최근 DEI와 같이 조직 구성원의 다양성을 중시하는 분위기가 높아지고 있는

데, 왠지 안 하면 체면이 살지 않는다는 단순한 생각을 가진 기업은 특히 '당장의 귀찮음'을 이기지 못하는 경향이 있다.

그러므로 모두 모여들기 전에 '기획의 각도'를 정확히 제시하여 오해와 잘못된 기대를 막는 동시에, 생각의 방향을 조정하고 중간에 들여다볼 나침반을 인식하게 해서 기획이 공중분해될 위험성을 되도록 낮추어야 한다.

자금에 관해서도 마찬가지다. 기술이 발전한 이 시대에는 크라우드 펀딩과 같이 "그동안 무엇을 했는가?" 하는 실적뿐만 아니라 "앞으로 무엇을 하고자 하는가?"라는 기대치에 자본이 모여드는 구조가 구축되어 있다. 최근 자동차 회사 테슬라의 시가 총액이 전 세계의 주요 자동차 브랜드들을 합친 것과 비슷한 수준이 되어 화제를 모았는데, 실제로 지금까지 자동차를 몇 대 팔았느냐가 아니라 앞으로 무엇을 이루려 하느냐에 자본이 집중되는 증거라고도 할 수 있다.

앞으로 실행하고자 하는, 아직 완성되지 않은 기획에 자본을 모으는 것은 완성된 실제 상품을 설득의 재료로 쓸 수 없기 때문에 더욱 어렵다. 따라서 크라우드 펀딩이 그렇듯이 컨셉이 무엇보다 중요하다.

이렇게 해서 '고객이 모이고' '인재가 모이고' '돈이 모이는' 세 가지 효과를 소개했는데, 최근에는 고객과 운영자의 구별이 사라지고 두 가지가 점점 하나로 합쳐지는 추세다. 크라우드 펀딩을 비롯해 공동체의 기획과 운영도 '고객이 운영자이자 지원자인', 즉 주체와 객체가 하나인 기획이 당연해졌다. 상대에 따라 컨셉을 따로따로 구별해 만드는 것이 아니라 '기획과 관련된 모든 사람에게' 걸맞은 컨셉을 만드는 것이 앞으로도 점점 더 중요해질 듯하다.

■_ 다섯 번째 효과, '지속되다'

컨셉이 뚜렷하게 정해져 있는 기획은 오랜 기간 사랑받는 기획이 되기 쉽다. 이 말은 '처음에 컨셉을 확실하게 정해두면 알아서 오래 지속된다'는 뜻이 아니라 '기획을 오래 이끌어나가는 과정에서 컨셉이 지속적으로 효과를 발휘한다'는 뜻 이다. 지금까지 소개한 네 가지 효과는 기획이 꾸준히 지속되는 한 나선형의 계 단을 오르듯이 거듭해서 나타나며, 그때마다 효과가 조금씩 높아진다.

첫 번째 효과 '굳어지다'에서 설명한 의사 결정을 예로 들어보자. 기업과 조직 은 의사 결정의 연속으로 이루어진다고 할 수 있는데, 의사 결정은 기획을 실행 한 뒤에도 날마다 반복된다. 특히 빠르게 회전하는 지금 같은 시대에는 기존의 전제가 그대로 통하지 않으며 의사 결정의 양이 점점 늘어나고 난이도도 갈수 록 높아진다.

컨셉을 토대로 의사 결정을 내리면 '날마다 늘어나는 의사 결정의 질을 높일 수 있고' '기획에서 반드시 유지해야 할 보편성이 무엇인지 판단할 수 있는' 두 가지 효과를 볼 수 있다. 나아가 이러한 의사 결정을 매일같이 거듭하는 기획은 단순한 유행이나 트렌드로 그치지 않고 일종의 '보편적인 가치'를 지니게 된다.

"변하지 않기 위해 끊임없이 변화한다."

이 말처럼 무언가가 오래도록 유지되는 현상은 정확히 말하면 같은 모습이 그대로 이어진 것이 아니라 마치 '신진대사'처럼 낡은 부분이 사라지고 새롭게 바뀌어온 결과가 아닐까? 그리고 대사가 일어나는 순간, 새로운 질문을 세상에 던지는 순간, 컨셉은 기존의 기대치를 그대로 가져와 변화가 순조롭게 받아들여 질 확률을 높여준다.

애플이 아이폰3G를 처음 발표한 것은 2008년이었다. 당시 일본 평론가들은 일본 시장에서 아이폰이 성공하지 못하리라 예측했다. "일본의 이모티콘 문화를 이해하지 못했다", "젊은 여성들은 손톱이 길어서 터치패널을 누르기 어렵다" 등 대부분 제품의 성능이 비판의 근거였다. 그런데 결과는 전혀 달랐다. 16년이 지난 지금도 아이폰은 가장 많이 팔리는 스마트폰으로 군림하고 있다.

왜 많은 특수성을 지닌 일본의 휴대전화 시장에서, 그것도 휴대전화와 전혀 상관이 없었던 애플이 성공을 거두었을까? 그 이유는 사람들이 아이폰의 성능보다도 애플이 줄곧 내세웠던 "나다운 삶을 지지한다"라는 회사의 컨셉에 기대를 걸어서가 아닐까.

앞서 이야기했듯이 앞으로 발매될 새로운 상품에 대한 기대는 소비자가 상품의 구체적인 내용을 이해하기 어려운 만큼 '그것을 어떻게 인식하는가', 즉 컨셉에 많은 부분이 좌우된다. 평론가들은 애플을 "성능이 좋은 휴대전화를 만들 수 있는가?"라는 제품의 성능이라는 잣대로 바라보았지만, 애플의 팬들은 기업의 컨셉을 바탕으로 "지금까지 선보인 컴퓨터나 뮤직 플레이어처럼 모두에게 창조성을 발휘하게 하고 다른 사람과 다른 삶으로 이끌어줄 것"이라는 남다른 기대를 안고 있었다.

제품의 성능 같은 '현실'만으로는 성공이 단순한 점으로 끝나버릴지도 모른다. 그러나 많은 사람이 회사의 컨셉에 애착을 가지게 되면 설령 문외한이라는 말을 들을 만큼 새로운 시도를 하더라도 회사에 대한 믿음이 새로운 기획에 대한 기대를 높여준다. 컨셉은 행위에 대한 신뢰만으로는 얻을 수 없는 '됨됨이를 향한 신뢰'의 원천이 되며 그것이 '지속되는' 효과를 낳는다.

지금 돌이켜보면 아이폰을 비판했던 평론가들의 말은 모두 '현재 상황에 대한 인식 → 척도 → 결정'을 토대로 한 평가였다. 그런 사고방식으로는 사람들의 마음속에서 어떻게 '새로운 컨셉을 바탕으로 한 인식 → 척도 → 결정'이 일어나는지 이해할 수 없었을 것이다.

'지속되다'의 또 한 가지 효과는 개인에 대한 의존을 극복할 수 있다는 점이다. 실제로 능력 있는 경영자가 자리에서 물러난 뒤 기업이 갑자기 길을 잃는 경우는 적지 않다. 기획이나 프로젝트 단위에서도 아이디어를 내놓은 사람이나 초기 멤버가 교체되자마자 일에 문제가 생기는 경우는 모두 경험해본 적이 있을 것이다. 그건 다시 말해 '대표가 척도 그 자체'가 된 경우다. 척도가 제대로 작동하는 동안에는 명확한 컨셉이 없어도 문제가 생기지 않을지도 모른다.

하지만 특정한 인물의 감각이나 가치관에 완전히 의존하면, 그가 사라지는 순간 기획은 더 이상 성립되지 않는다. '그 사람이 그렇게 말했으니까'가 아니라 '컨셉에 따라' 의사 결정을 할 수 있는 상태를 만드는 것은 세대 교체나 리더의 변화에 대한 뛰어난 내구성으로 이어진다.

어떤 일이든 오래도록 이어지다 보면 반드시 '행운'과 '역경'이 비비 꼬아놓은 새끼줄처럼 번갈아 찾아오기 마련이다. 그때 단기적인 수치만 보고 그때그때 임시방편으로 방침과 활동을 바꾸면 기획은 오래 지속되지 않을 것이다.

"이상한 물건을 만들었는데 팔리면 큰일이지요."

에르메스의 창립자 티에리 에르메스의 6대손인 악셀 뒤마의 말은 '우왕좌왕하거나 일희일비하지 않고 차분하게 추구해야 할 기획의 본질'이야말로 매출보다 훨씬 중요하다는 뜻인 듯하다. 일본에는 100년 기업이 약 2만 1,000곳, 1,000년 기업이 8곳이나 될 만큼 세계에서도 손꼽힐 정도로 하나의 기업이 오래 '지속되는' 경향이 있지만, 최근에는 그때그때 유행에 뛰어드느라 축이 흔들리는 기업이 많아 보인다. 세계 시장에서 고립된 '갈라파고스'라는 평을 들을 때도 있지만, 자기다운 방식을 살려 축이 되는 컨셉에 자신을 가지고 '지속'을 추구하는 것이 정답이 아닐까 싶다. 컨셉은 개인에게도 회사에게도 당사자의 마음이 꺾이지 않도록 도와주는 '지속하기 위한 의욕의 원천'이다.

컨셉의 5가지 효과

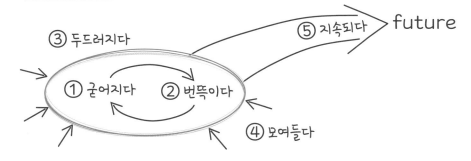

컨셉의 가장 큰 이점이란?

☐ 컨셉은 '속박'이 아니다

컨셉이 있으면 굳어지고 번뜩이고 두드러진 결과 모여들고 지속된다. 이 다섯 가지 효과를 둘러보면 어쩐지 **'흔들림 없는 지침을 얻어 망설이지도 비틀거리지도 않고 앞으로 똑바로 나아갈 수 있다'**는 생각이 든다.

그렇다면 결국 나폴리탄 메뉴를 내놓은 메밀국숫집은 "메밀국숫집이라는 컨셉을 그대로 유지하고 나폴리탄 같은 음식은 절대 메뉴에 넣지 말았어야 한다"라는 결론이 나오는 걸까?

뭔가 이상하지 않은가? 이 논리대로 말하면 컨셉이란 요컨대 이상한 일이나 별난 일, 분수에 맞지 않는 일은 하지 않고 현재 상황에 따라 살아가야 한다는 뜻이 된다. 어, "컨셉은 이곳이 아닌 어딘가로 가는 데 도움이 된다!"라는 이야기였는데, 이래서는 "여기 있어라. 그것이 컨셉을 지키는 일이다!"라는 결론이 되어버린다. 그 메밀국숫집이 나폴리탄 스파게티를 내놓은 이유는 변화가 필요하다는 생각, 즉 '이곳이 아닌 어딘가'로 가야 한다는 문제의식 때문이었을 텐데 말이다. 그런 결론은 답이 되지 않는다.

메밀국숫집이니 메밀국수만 제공해야 한다.

그런데 나폴리탄 스파게티 같은 메뉴를 집어넣어서 실패한 것이다.

이런 생각은 상황을 아무것도 바꾸지 못하는 전형적인 뒷북 평론이나 다름 없다. 그리고 컨셉이라는 개념이 종종 '가능성을 속박하는 것', '자유를 빼앗는 것'이라는 비판을 받는 이유도 이처럼 '분수에 맞지 않는 일을 새로 시도할 가능성을 없애버린다'는 인상 때문이 아닐까?

하지만 그것은 **컨셉에 대한 전형적인 오해**다.

■ '지도보다 나침반'이라는 말의 본질

최근 "지도보다 나침반이 더 중요하다"라는 말이 자주 눈에 띈다. 모든 것이 불확실한 시대에는 길과 지형을 구석구석 파악할 수 있는 지도가 아니라 어디가 어느 쪽인지 대강 알 수 있는 나침반이 더 유용하다. "지구보다 나침반이 더 중요하다"라는 말은 주로 그런 뜻으로 쓰인다. 하지만 잠시 멈춰서 생각해보면, 사실 지도보다 좋은 것은 없으나 지도를 만들 수 없으니 부득이하게 나침반으로 버틴다는 뉘앙스가 담긴 경우도 적지 않아 보인다. 그렇다면 역시 지도가 더 좋다고 인정하는 셈이 아닐까?

'부득이하게 나침반'이 아니라 '나침반이 이런 점에서 더 훌륭하다'고 본다면 어떤 점이 그럴까? **가장 큰 효과는 '나침반을 쓰면 주변을 보며 걸을 수 있다'**는 점이 아닐까 싶다.

내비게이션에 의지해 목적지에 빠르게 도착하면, 오는 도중에 뭐가 있었는지 풍경은 거의 보지 못하는 경우가 많다. 정확한 지도가 손안에 있으면 사람들은 거기에만 매달리느라 길을 잘못 들지 않고 효율적으로 목적지까지 도달하는 데만 열을 올린다. 그러다 보면 실은 가는 길에 만난 골목 안에 줄곧 궁금했던 가게가 있었다는 사실도, 내가 좋아하는 분위기의 강변 산책로에 잠깐 들렀다 갈 수 있었다는 사실도, 1년에 한 번 있을까 말까 한 아름다운 노을이 하늘 가득 펼쳐져 있었다는 사실도 어쩌면 전부 놓쳤을지도 모른다. 그리고 그중에는 목적지에 가장 빠르게 도달하는 것보다 자신의 인생을 행복하게 만들 계기가 숨어 있을 수도 있다. **지도가 정확하고 유용하면 할수록 그런 점을 알아채기가 더욱 힘들다.**

나침반은 지도에 비해 그곳에 '어떤 현실이 펼쳐져 있는가?'라는 정보를 조금밖에 얻지 못한다. 그러므로 사람들은 자신의 눈으로 직접 현실을 살피고 다양한 사실을 인식하고 척도를 사용해 받아들이고 몸소 의사 결정을 내려야 한다. 결국 목적지에 가장 짧은 경로로 도달하는 정확성은 지도보다 떨어질 수도 있고 여기저기 둘러보고 생각하며 걷다 보니 금방 지칠지도 모른다. 다만 '뜻하지 못한 발견'은 나침반을 사용할 때 분명 더 많이 찾아오지 않을까?

현실만을 정확하게 파악하며 몸소 '인식·척도·결정'을 거치지 않고 목적을 이루는 지도. 그리고 현실을 성기게 파악하며 스스로 '인식·척도·결정'을 거칠 여지를 주어 목적 바깥의 새로운 가능성을 쉽게 포착할 수 있는 나침반.

'이곳이 아닌 어딘가'를 꿈꾸면서도 좀처럼 이루지 못하는 우리의 가장 큰 문제는 사실 **'이곳이 아닌 어딘가가 대체 어디인지 좀처럼 찾지 못한다'**는 점이 아닐까? 절대 실패하고 싶지 않다, 최단 거리로 답을 얻고 싶다, 다른 길로 샐 필요는 없다……. 그런 '지도 같은 사고방식'이 큰 말썽은 없지만 왠지 만족스럽지 않은 하루하루를 만들어냈을지도 모른다.

마치 분 단위로 계획을 짜서 여행하다가 우연히 재미있어 보이는 곳을 발견했지만 일정이 틀어진다며 무시해버리는 것처럼 말이다. 자신의 직감과 호기심, 그리고 그것을 계기로 한 '뜻하지 않은 가능성'을 통째로 지워버리는 행동처럼 느껴진다.

이것은 개인뿐만 아니라 기업에서도 매일같이 일어나는 딜레마다.

"완전히 새로운 아이디어를 원한다면서, 막상 제안을 했더니 사례를 가져오래요."

이런 말과 행동에서 사고방식이 훤히 드러난다. 개인도 기업도 사실은 새로운 가능성을 원하면서도 직접 불확실성 속으로 뛰어들어 찾으려 하지 않거나 찾기를 허용하지 않는 게 아닐까? 그것은 **용기나 노력이나 재능의 문제가 아니라 '나침반이 없어서'**일지도 모른다.

▛ 가장 큰 효과, '즐길 수 있다'

그렇다고 "불확실성을 모르는 체하고 과감히 뛰어들어라!"라는 말도 '지나친 시대'와는 어울리지 않는다. "당신이 선 자리에서 꽃을 피우세요"라는 와타나베 가즈코 수녀의 말은 지난날 많은 사람에게 감동을 주었는데, 불확실한 시대를 살아가는 사람들에게는 이런 수동적인 자세가 더는 위로가 되지 않을지도 모른다.

어쨌든 일단 한번 해보자고 마음먹을 만큼 선택지가 좁혀지지도 않은 데다 시간은 부족하고 사회도 불안정할 때, 지도에 지나치게 매달리지도, 그렇다고 전혀 계획 없이 여행에 나서지도 않는 것. 이 둘 사이에 제3의 해답을 내놓는 것이 바로 나침반이다.

나침반의 효과는 '길을 헤매지 않는 것'보다도, 최악의 경우가 오더라도 어떻게든 되리라는 안도감 덕분에 **'헤매는 과정을 즐길 수 있게 된다는 점'**이다. 뜻밖의

가능성을 찾는 것이 중요하다고 나침반도 없이 무작정 거리로 나오면, '지나친 시대'를 사는 우리는 선택지는 너무 많고 자원은 부족해 진짜 미아가 되거나 두려워서 밖으로 한 발짝도 내딛지 못하게 된다. 완전히 빈손도 아니고 내비게이션을 계속 들여다보는 것도 아니다. 막연히 '이곳이 아닌 어딘가'를 바라는 우리에게 부족한 것은 헤매지 않는 길이 아니라 '즐겁게 헤매는 과정'이 아닐까?

나침반, 즉 컨셉이 불러오는 효과란 다음과 같다.

흔들리지 않기에 '마음 놓고 흔들림을 즐길 수 있다'.

휘청거리지 않기에 '즐겁게 휘청휘청할 수 있다'.

나침반이 있기에 '산책을 즐길 수 있다'.

변하지 않는 것을 알고 있기에 '바꿀 가능성이 있음을 안다'.

시야가 확고하기에 적절히 '다른 곳으로 눈을 돌릴 수 있다'.

언뜻 역설적으로 보이는 이런 결과야말로 컨셉의 가장 큰 효과일지도 모른다. 마치 손끝에서 오뚝이처럼 기우뚱거리는 균형 잡기 장난감의 뾰족한 축처럼 말이다. 장난감은 축이 있기에 '넘어지지 않고' '좌우로 크게 흔들릴' 수 있다. 농구에서 한 발을 축으로 움직이는 '피벗 풋'과 '프리 풋'의 관계도 이와 비슷하다.

그뿐만 아니라 꾸준히 주목받고 있는 '회복탄력성'과도 뉘앙스가 다소 유사하다. 단단하고 안정되어 있지만 옴짝달싹 못 하는 것은 아니고 쉽게 부서지거나 흐물흐물 허물어지는 것도 아니다. 심지를 유연하고 부드럽게 유지하고 자동차 핸들의 유격처럼 약간의 여유를 두어(핸들을 돌렸을 때 차량이 급격히 획 돌아가지 않도록 자동차 핸들에는 어느 정도의 유격이 있다-옮긴이) 뜻밖의 사태에 대응하거나 예상치 못한 가능성을 발견하는 것이다. 이 가장 큰 효과는 5가지 효과의 반대편에 존재하는 컨셉의 6번째 효과, '즐길 수 있다'이다.

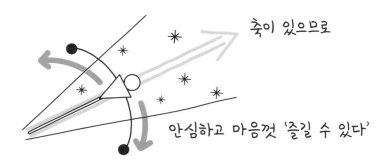

축이 있으므로

안심하고 마음껏 '즐길 수 있다'

좌우로 기우뚱기우뚱 움직이는 폭 안에서
처음 보는 가능성을 찾을 수 있다
= '이곳이 아닌 어딘가'

페데리코 펠리니는 영화사를 대표하는 영화감독 중 한 명인데, 그는 이런 명언을 남겼다.

"만약 무엇이 자신을 기다리고 있는지 처음부터 끝까지 모두 안다면 결코 출발조차 하지 않을 것이다."

'이곳이 아닌 어딘가'로 가야 한다는 시대의 분위기가 바라는 컨셉. 이 컨셉에 은밀하게 숨겨진 **6번째 효과 '즐길 수 있다'**야말로 컨셉이 필요한 가장 큰 이유다.

토라야를 통해 살펴보는 '보편성'과 '가변성'

16세기 초에 문을 연 일본의 전통 과자 전문점 '토라야'의 컨셉은 회사의 경영 이념인 "맛있는 화과자를 기쁘게 맛보실 수 있도록"이라는 말에 담겨 있다. 토라야의 17대 당주 구로카와 미쓰히로는 '최상급의 좋은 상품, 맛있는 상품'을 만든다는 보편적인 이념이 밑바탕에 깔려 있지만, 한편으로 '좋은 상품과 맛있는 상품은 시대와 장소에 따라 끊임없이 변화하는 가변적인 요소로 받아들이고 있다'고 이야기했다.

"목적지는 그대로지만 방식은 계속해서 바뀐다"라는 기업의 미래를 바라보는 시선. 이 '보편성과 가변성'을 판별하고 추구하는 것도 그 가운데에 컨셉이 있기 때문에 가능한 일이다. 기업의 어떤 행위가 '보편성을 위한 일'이고 어떤 행위가 '변화를 시도하는 일'일까. 앞서 컨셉이 스트라이크 존을 명확히 정해준다고 설명했는데, 여기서도 '한가운데에 꽂는 스트라이크'와 '외곽을 아슬아슬하게 찌르는 변화구'를 제대로 알고 제어하는 것이 오래 지속하는 힘이 아닐까 싶다.

실제로 토라야는 대표 상품인 양갱의 가치를 거듭 추구하는 한편, '피에르 에르메'나 '미나 페르호넨' 같은 기업과 합작하고 새 가게를 발표하는 등 새로운 맛의 확장에도 힘쓰고 있다. 양쪽의 균형이야말로 기업이 오래도록 힘을 잃지 않기 위해 반드시 필요한 감각이다. 그리고 이 균형의 축이 바로 컨셉이다. 컨셉이 있기에 기본으로 돌아갈 수 있고, 기본으로 돌아갈 수 있기에 때로는 새로운 도전이 가능하다. 이 두 가지를 모두 구사할 수 있는 존재가 '오래도록' 사랑받는 것이다. 정석을 모르는 사람은 기발한 수를 쓸 수 없다는 말과도 일맥상통한다.

기획을 잘하는 사람을 살펴보면 그들은 모두 '지침'과 '즐거움'의 균형을 절묘하게 유지할 줄 아는 듯 보인다.

NHK 방송국에서 「NHK 스페셜」, 「천재 텔레비전 군」, 「잘 자요 일본!(おやすみ 日本 眠いいね!)」 같은 다수의 방송을 제작한 감바라 잇코 PD는 컨셉에 대해 이렇게 말했다.

"정하지 않으면 움직일 수 없지만, 거기에 얽매여서는 안 되죠."

컨셉은 길을 잃었을 때 돌아올 지점이며, 컨셉을 정해두었기에 길을 헤매면서도 가능성을 널리 모색할 수 있다는 말이다. 컨셉에 얽매이기는커녕 컨셉 덕에 오히려 발상이 자유로워진다는 뜻이다.

매주 방영하는 정규 방송을 제작한다면 1년에 약 50편의 방송을 준비해야 한다. 이는 말하자면 마라톤과 같은 작업이다. 감바라 잇코 PD는 컨셉이 이리저리 흔들려도 안 되지만, 한곳에 머무르지 말고 시행착오를 거치고 변화를 거듭할 필요가 있다고 말한다. 일회성이 아니라 '오래 이어갈 수 있는' 기획 그리고 '오래 사랑받는 방송'을 제작해온 그이기에 할 수 있는 표현이다.

루트디자인(Route Design)의 대표 쓰다 요시오 또한 "크리에이터란 시행착오를 통해 새로운 것을 만들어내려 하는 사람"이라고 말했다. 루트디자인은 공유 오피스 운영과 기획을 비롯해 '이곳이 아닌 어딘가'를 새로 정의하는 프로젝트를 다수 이끌어온 회사다.

그는 최근 요코하마 덴노초에 크리에이터를 위한 협동 제작 스튜디오 'PILE'

을 열면서 "기획과 창조의 본질이란 무엇인가?"를 깊이 생각하다가 그런 정의에 도달했다고 한다. 기획에 '정답이 있다'고 생각하면 시행착오의 횟수가 적을수록 효율적이라고 볼 수 있지만, '정답이 없으니 이곳이 아닌 어딘가를 스스로 정의해야 한다'는 생각으로 기획에 나서면 시행착오의 횟수를 얼마나 많이 늘리느냐가 성공의 핵심임을 알 수 있다. 그 횟수를 결정하는 것이 컨셉에서 비롯되는 '지침'과 '즐거움'이며, 훌륭한 크리에이터는 동시에 뛰어난 컨셉 제작자인 셈이다.

주식회사2100는 캠핑 장비 제조 회사 '스노우피크'를 포함해 다양한 기업의 미래를 경영자와 함께 만들어온 브랜딩 회사다. 주식회사2100의 크리에이티브 디렉터 구니미 아키히토는 "불성실하게 생각하는"것이 중요하다고 말했다. 정해진 길이 있다고 믿고 거기서 벗어나지 않도록 하나하나 신중하게 생각을 쌓는 것이 '성실함'이라면, 그와 반대로 '아무런 순서 없이' '갑자기 떠오른 생각이든 뭐든' '농담과 황당무계한 망상을 섞어가며' 생각하는 것이 '불성실함'일지도 모른다. 다만 그와 함께 일을 해보니 사고의 기점에 본질적인 '명제'가 단단히 자리 잡고 있기에 가능한 방식이라는 생각이 들었다. 결국 물음에 답을 내놓는다는 지침이 정해져 있기에 불성실하고 자유롭게 사고할 수 있는 것이 아닐까?

▛ 메밀국숫집은 어떻게 해야 했을까

컨셉이 있으면 '굳어지고' '번뜩이고' '두드러지며' '모여들고' '지속된다'. 그러므로 '즐거움'을 얻을 수 있으며 '이곳이 아닌 어딘가'가 어떤 곳인지 아직 보지 못한 가능성을 마음껏 탐색할 수 있다.

그렇다면 컨셉에 따라 생각했을 때 그 메밀국숫집은 어떻게 해야 했을까? 만약 가게가 올바른 컨셉을 내걸었다면 이렇게 흘러갔을지도 모른다.

메밀국숫집의 컨셉

"점심으로 정성껏 우린 국물을 맛볼 수 있는 마을 식당"

굳어지다 = 가게가 추구해야 할 부분은 '국물의 맛'

번뜩이다 = 나폴리탄이 아니라 국물 맛이 돋보이는 일본풍 파스타라면 괜찮을지도
　　　　　모른다

두드러지다 = 메밀국숫집이 아니라 '국물이 맛있는 집'으로 관심을 끈다

모여들다 = 메밀국수를 좋아하는 사람뿐만 아니라 퓨전 파스타나 국물 요리를 좋아
　　　　　하는 사람도 주목하는 식당으로

지속되다 = 그 결과, 가게가 번성하고 날마다 발전한다

즐길 수 있다 = 국물이라는 축이 있으니 '메밀국숫집'이라는 지금까지의 인식·척도
　　　　　·결정으로는 채택할 수 없었던 전혀 다른 메뉴도 가게의 '개성'을 무
　　　　　너뜨리지 않고 모색할 수 있다

다만 모두 만약의 이야기이고 실제로 가게가 이대로 흘러갈지 어떨지는 아무
도 모른다.

"메밀국숫집인데, 갑자기 나폴리탄 스파게티를 시작했습니다!"

하지만 이런 말보다는 다음과 같은 말이 훨씬 더 기대되지 않을까?

"메밀국수를 만들며 연마한 맛있는 국물과 메밀의 풍미를 일본풍 파스타에 응용해 보았습니다!"

실제로 국물에서 비롯된 독특한 맛 덕분에 메밀국수 가게에서 판매하는 카레는 나름대로 고정 팬이 있다. 그러나 "나폴리탄은 좋아하는 사람이 많고 손님도 늘리고 싶으니 한번 해볼까?" 하는 아무 컨셉 없는 판단이나 "우리 집은 '면이 맛있는 동네 식당'이지" 같은 설득력 없는 컨셉은 도움이 되지 않는다. 컨셉을 통해 매력적인 하나의 축을 단단히 세울 수 있느냐가 중요하다.

물론 실제로는 가게에서 나폴리탄에 메밀국수 삶은 물을 섞어서 조리했을 수도 있지만, 역시 사람은 인식의 동물이다. 전하지 않으면 소용이 없다는 이야기다. 기획하고 운영하는 사람도, 받아들이는 고객도 '이것이 어떤 가치를 지닌 어떠한 물건인지' 명확하게 인식해야 한다. 이제 인식이 얼마나 중요한지 이해가 되었을까?

'그냥 메밀국숫집이 아니라 국물이 맛있는 집'이라는 컨셉 자체를 어떻게 이끌어내야 하는지는 다음 장에서 살펴보자.

▛ 컨셉이 필요 없다는 의견에 대한 대답

지금까지 컨셉의 '5 + 1'가지 효과를 살펴보았다. 기획의 '지침'이 되는 효과는 물론 지금껏 그리 주목받지 못한 '즐길 수 있다'라는 효과야말로 컨셉의 진면목이다. 그런데 현장에서 일하며 지금껏 몇 번이나 '컨셉 무용론'과 조우해야 했다. 이번에는 컨셉을 좀 더 깊이 이해하기 위해 무용론에 대해 잠시 생각해보자.

[무용론 1] "컨셉은 결국 리더하고만 상관있는 이야기 아닌가요?"

답:

- 컨셉을 발굴하려면 새로운 인식의 발견이 필요하며, 하나의 관점보다는 여러 사람의 관점을 활용해야 더 좋은 인식을 발견할 가능성이 높다. 물론 주된 결정권은 리더에게 있을지도 모르지만, 찾아가는 과정에는 '당신'의 생각과 가치관도 반드시 필요하다.

- 가령 '컨셉 발굴 과정'은 리더가 마무리하더라도, 컨셉을 받아들여 기획을 하나하나 구체적으로 만드는 것은 팀 전체의 일이다. 그때 '컨셉 센스'가 없으면 컨셉에 따라 기획을 만들어내기가 어렵다. 컨셉이란 오로지 만들고 전하는 사람과 관련된 개념이 아니라 받아들이고 만드는 사람과도 관련이 있기에 모든 사람에게 필요하다.

[무용론 2] "이제 인공지능이 알아서 만들어주지 않을까요?"

답:

- 1장에서도 다루었듯이 생성형 AI는 질문에 대해 그저 '지금까지 인간이 내놓은 답의 평균'을 보여줄 뿐이다. 다시 말해 현재 상황의 연장선 위에서 인간이 생각할 법한 이야기를 꺼낸다는 뜻이다. 즉 '이곳이 아닌 어딘가'는 결코 보여주지 않는다. 설령 보여주었더라도 질문이 담긴 프롬프트가 사뭇 기발했을 가능성이 크며, 기발한 프롬프트 역시 인간이 창조해야 한다.

- 좋은 컨셉에는 '당사자의 의지와 책임'이 담겨 있어야 한다. 지금 AI에는 기본적으로 두 가지 모두가 결여되어 있다.

- 다만 컨셉을 창조하는 수단으로 유용하게 활용할 수는 있다. 이에 대해서도 추후 살펴보도록 하자.

[무용론 3] "갑자기 아이디어를 내놓는다고 쓸모가 있을까요?"

답:

- '이곳이 아닌 어딘가'로 가기 위한 아이디어는 사람의 인식부터 뒤흔들어서 생각할 필요가 있다. 즉 아이디어는 '기존의 인식과 근본적으로 무엇이 다른 발상인가?'라는 컨셉과 세트로 보여주지 않으면 얼마나 참신한 아이디어인지 제대로 전해지지 않을 때가 많다. 좋은 아이디어인지 아닌지 판단하는 '좋음'의 기준부터 새로 정의하는 발상일수록 컨셉과 세트로 제시해야 누구나 온전히 이해할 수 있다.

- 순서대로 우선 아이디어부터 구상하고 나중에 컨셉으로 승화하는 방식도 가능하다. 구체적인 과정은 이후 다시 살펴보자.

제2장의 내용 요약

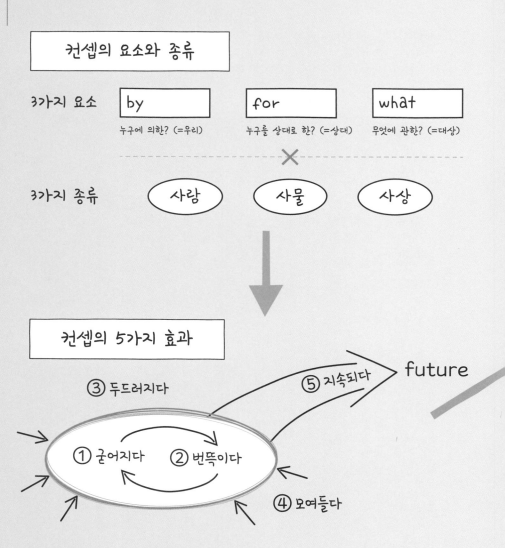

컨셉의 요소와 종류

3가지 요소

by
누구에 의한? (=우리)

for
누구를 상대로 한? (=상대)

what
무엇에 관한? (=대상)

3가지 종류

사람　사물　사상

컨셉의 5가지 효과

③ 두드러지다

⑤ 지속되다　future

① 굳어지다　② 번뜩이다

④ 모여들다

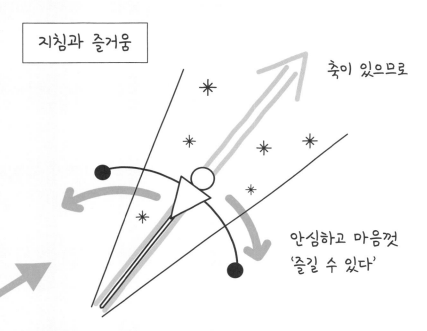

지침과 즐거움

축이 있으므로

안심하고 마음껏
'즐길 수 있다'

좌우로 기우뚱기우뚱 움직이는 폭 안에서 처음 보는 가능성을 찾을 수 있다
= '이곳이 아닌 어딘가'

흔들리지 않기에 '마음 놓고 흔들림을 즐길 수 있다'.

휘청거리지 않기에 '즐겁게 휘청휘청할 수 있다'.

나침반이 있기에 '산책을 즐길 수 있다'.

변하지 않는 것을 알고 있기에 '바꿀 가능성이 있음을 안다'.

시야가 확고하기에 적절히 '다른 곳으로 눈을 돌릴 수 있다'.

- 컨셉은 '누구에 의한?', '누구를 상대로 한?', '무엇에 관한?'이라는 3가지 요소로 이루어
  진다.

- 좋은 컨셉이 기획에 가져다주는 효과는 5가지가 있다.

  굳어지다 - 나쁜 의사 결정을 극복하고 독자적으로 결정을 내릴 중심축이 생긴다.

  번뜩이다 - 이미 지니고 있는 생각의 연장선 위에서는 얻지 못할 아이디어를 쉽게 창조
        할 수 있다.

  두드러지다 - 기획과 관련된 모든 사람에게 '반드시 이것이어야만 하는' 이유를 만들어
        주고 '왠지 모르게 좋은' 느낌의 원천이 된다.

  모여들다 - 사람, 사물, 돈 등의 자원과 고객이 집중된다.

  지속되다 - 제안자에게 지나치게 의존하지 않고 시대의 변천에 무너지지 않으며 오래
        도록 지워지지 않는 기업과 브랜드 자체의 '됨됨이에 대한 신뢰'를 낳는다.

- "지도보다 나침반이 더 중요하다"라는 말에는 헤매는 과정을 즐기지 못하는 현대 사회
  의 괴로움이 담겨 있다. 컨셉이 있으면 기획의 방향이 될 '지침'뿐만 아니라 '즐거움'까지
  실현할 수 있다. 6번째 효과 '즐길 수 있다'야말로 지금 우리에게 컨셉이 필요한 가장 큰
  이유다.

제 3 장

컨셉은 무엇으로
이루어지는가

컨셉의 구조

뭐든 마음의 눈으로 보아야 잘 보여.
가장 중요한 건 눈에 보이지 않거든.

- 생텍쥐페리, 『어린 왕자』 중에서

컨셉 사고는 어떤 일을 가능하게 할까?

컨셉의 가장 큰 효과는

'지침'에서 비롯되는 '즐거움'이며

그것이 우리의 기획과 나날의 일상에서

지금껏 보지 못한 새로운 무언가를 발견할 가능성이 된다.

3장에서는 조금 더 깊이 파고들어

지금까지 살펴본 '좋은 컨셉'을 분석하고

알맹이가 어떻게 이루어져 있는지,

어디에 비결과 기술이 숨어 있는지 알아보자.

실제로 컨셉을 직접 만들어보기 전에

컨셉의 원리와 구조를 파헤쳐본다.

기본이자 만능! 컨셉 구문

🔲 컨셉이 한 줄이 되기 전에

지금까지 이 시대에 컨셉이 더욱 중요한 이유와 컨셉이 지닌 다양한 효과를 자세히 소개했다. 하지만 내용은 얼추 알아도 보는 것과 직접 하는 것은 하늘과 땅만큼 다르니, 이제 드디어 '어떻게 컨셉 센스를 터득하는가?'로 넘어가려 한다. 준비를 위해 먼저 '컨셉의 구조'를 분석해보자.

실제로 컨셉을 찾아내는 감각을 내 나름의 말로 표현하자면, '각양각색의 수많은 정보와 가능성을 검토하며 이리저리 머리를 굴리다가, 뭔가가 역치를 넘어선 순간 한 줄로 응축된 무언가가 번쩍 떠오르는' 느낌이다. 복잡하니 좀 더 체계화해서 설명해보자.

물론 "이 칸만 채우면 알아서 나옵니다!"라는 이야기는 아니다. 왜냐하면 컨셉이란 애초에 정답을 찾는 사고법이 아니라 "'이곳이 아닌 어딘가'란 어디인가?"라는 가설을 세우는 사고법이기 때문이다. 그래도 무엇을 출발점으로 시행착오를 거치면 좋을지 참고가 될 만한 구문을 소개한다.

지금껏 소개한 훌륭한 컨셉은 모두 '빙산의 일각'에 불과하다. 해수면 밖으로 드러난 결정적인 한마디이기 때문이다. 컨셉의 구조를 파악하기 위해 이번에는 컨셉이 한 줄이 되기 전에 '바닷속'에서 어떤 모양을 하고 있는지 몇몇 사례를 통해 살펴보려 한다.

먼저 AKB48을 예로 들어보자.

"만나러 갈 수 있는 아이돌"이라는 컨셉은 어떤 내용인지 한번 펼쳐보자.

아이돌 팬 은 사실
좀 더 가까운 거리에서 아이돌을 응원하고 싶지만
아이돌업계 의 상식인
멀리 있어야 좋아하고 동경한다는 생각 은 그 점을 간과하고 있다.
그러므로 이 기획은 만나러 갈 수 있는 아이돌 이라는
컨셉으로 아이돌과의 새로운 거리감 을 제공한다.
이를 통해 우상이 아니라 실제 사회와 영향을 주고받을 수 있는 아이돌 을 디자인해
누구나 자신의 인생을 적극적으로 살아갈 수 있는 사회의 실현을 꿈꾼다.

한 줄의 컨셉에는 '기존의 아이돌이 채우지 못한 욕구'와 '그런 욕구를 포착하지 못한 업계 상식'이라는 배경이 있다. 더 나아가 미래로 시선을 돌리면 '멀리 있는 우상에서 그치지 않고 있는 그대로의 모습을 보여주는 지역 밀착형 아이돌을 실현해 누구나 적극적으로 살아갈 수 있는 사회'를 목표로 삼고 있다.

컨셉 이외의 요소는 공식적으로 발표한 사항이 아니므로 개인의 해석에 따른 내용이다. 하지만 이렇게 뜯어보면 컨셉에 의해 기존의 잣대가 어떻게 바뀌고 그것으로 어떤 욕구가 충족되었으며 어떤 이상적인 사회에 조금이나마 다가갔는지, 각각의 관계성을 엿볼 수 있다.

다음으로 「포켓몬GO」도 컨셉 구문으로 바꾸어 살펴보자.

$\boxed{\text{게임을 좋아하는 어린이들}}$ 은 사실
좀 더 $\boxed{\text{오래 게임을 즐기고}}$ 싶지만
$\boxed{\text{게임에 대한 사람들}}$ 의 상식인
$\boxed{\text{너무 오래 게임을 하면 몸과 마음의 건강을 해친다는 생각}}$ 은 그 점을 간과하고 있다.
그러므로 이 기획은 $\boxed{\text{밖으로 나가고 싶어지는 스마트폰 게임}}$ 이라는
컨셉으로 $\boxed{\text{건강하고 활동적인 게임 체험}}$ 을 제공한다.
이를 통해 $\boxed{\text{게임이 훨씬 더 건강한 미래}}$ 를 디자인해
$\boxed{\text{현실 세계를 탐색하는 과정이 더욱 새롭고 다양한 경험이 되는}}$ 사회의 실현을 꿈꾼다.

「포켓몬GO」의 아버지인 '나이앤틱'의 존 행키 대표는 「포켓몬GO」에 앞서 증강현실 기술을 이용한 스마트폰 게임 「인그레스」를 개발할 때부터 "게임을 통해 현실 세계를 더욱 널리 탐색하도록 이끈다"라는 생각을 품고 있었다. 관점을 바꿔보면 지금까지 게임에 대한 세상의 인식은 '게임이란 현실 생활의 풍요로움과 상반되는 것'이었다. 눈이 나빠진다, 방에만 틀어박히게 된다, 운동이 부족해진다……. 게임에 너무 열중하면 생활에 소홀해진다는 이미지가 늘 앞섰다.

그래서 「포켓몬GO」의 근본 사상인 "현실 세계의 탐색"을 토대로, 게임과 현실을 상반되는 존재로 보았던 기존의 고정관념을 뛰어넘어, '게임에 의해 현실이 새롭게 풍요로워지는' 이상을 설정하고 "밖으로 나가고 싶어지는 스마트폰 게임"을 개발한 것이다. 그 결과 모두가 아는 대로 스트레스가 줄어들고 고령자의 적적한 생활에 활력이 되며 근감소증이 개선되는 등 사람들의 현실에도 긍정적인

영향을 미쳤다. 또한 「포켓몬GO」를 구성하는 구체적인 요소 하나하나에도 컨셉이 투영되었다. 이를테면 좀 더 건강한 방식으로 게임을 즐길 수 있도록 과하게 돈을 쓰지 않는 구조로 게임을 설계했다.

┓ 컨셉 구문의 '구조'

구문의 빈칸에 들어가는 말이 어떤 내용인지 정리해보면 다음과 같은 구조가 된다.

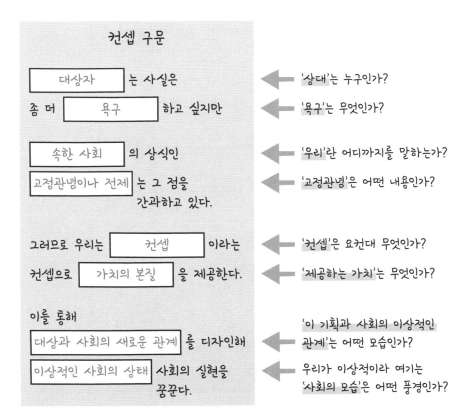

세 가지 원소 B · I · V

▗ 제안의 방향성 = 컨셉을 결정짓는 것

컨셉 구문은 모두 8줄로 구성되는데, 2줄씩 묶어서 총 4가지 내용으로 이루어진 구조라 할 수 있다. 크게 위에서부터 4가지다.

인사이트 (Insight)

선입견 (Bias)

컨셉 (Concept)

비전 (Vision)

세 번째 '컨셉'은 한마디 문장으로 된 형태를 많이 보았지만, 그 배경에는 다음과 같은 세 가지 원소가 뿌리처럼 자리 잡고 있다.

인사이트(I): 무언가를 바라는 누군가의 욕구

선입견(B): 그것을 보지 못하는 원인이 되는 업계 / 시장 / 공동체 / 개인의 고정관념

비전(V): 기획의 당사자가 바라는 사회의 이상적인 모습

기획에서 이 세 가지를 거쳐 '제안의 방향성'을 분명하게 정의한 것이 C, 즉 '컨셉'이며 그렇게 해서 구문이 완성된다.

기존의 '고정관념'으로 미처 포착하지 못한 (B: 선입견)

사람들이 아직 자각하지도, 충족하지도 못한 욕구를 채워 (I: 인사이트)

이상적인 사회에 지금보다 한 발 다가가기 위한 (V: 비전)

제안의 방향성 (C: 컨셉)

이것이 곧 '컨셉'이다.

이 점은 1장에서 다룬 "인식에서 출발해 현실을 바꾼다"라는 이야기와도 이어진다.

선입견(B) = 기존 사회와 업계의 인식

인사이트(I) = 기획의 대상이 스스로 인식하지 못한 욕구

비전(V) = 기획하는 당사자의 미래나 이상에 대한 인식

결국 세 가지 원소 모두 '인간의 인식'과 관련이 있다.

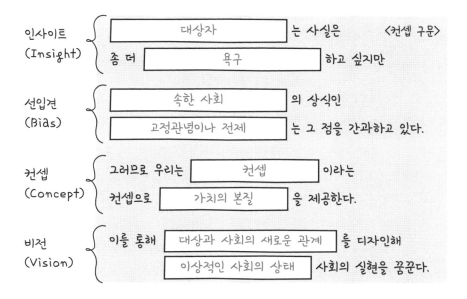

🏳 첫 번째 원소, 선입견

'컨셉(C)' 이외의 '원소'는 각각 무엇을 가리킬까? 내용과 역할을 하나씩 살펴보자. 먼저 3~4번째 줄의 '선입견(B)'부터 알아보자.

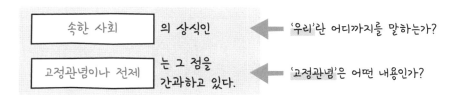

컨셉을 구상하는 '우리(by)'가 속한 **사회나 업계가 지닌 고정관념이나 전제가 바로 '선입견(B)'이다.** 다른 말로는 '고정관념', '편견', '편향'이라고도 할 수 있다. 선입견은 '누구의' '무엇에 대한' 선입견인가 하는 두 가지 요소로 구성된다.

아이돌업계의, 아이돌이라는 존재에 대한 선입견

세상의 일반적인, 게임에 대한 선입견

A사 경영진의, 여성의 일하는 방식에 대한 선입견

자신의, 자기 자신의 라이프스타일에 대한 선입견

'누구의'는 기본적으로 '우리', 즉 컨셉의 세 가지 요소 중 'by'에 해당하는 기획자 또는 컨셉을 구상하는 사람의 고정관념이라는 뜻이다. 우리가 '이곳이 아닌 어딘가'가 어디인지 모르는 이유는 다름 아닌 '선입견'이 눈앞을 가리고 있기 때문이다.

선입견에 사로잡힌 '우리를 포함한 범위'에 대해서는 몇 가지 각기 다른 층으로 반경을 넓혀서 생각해볼 수 있다.

예를 들어 아이돌 기획이라면 '아이돌업계', 게임 기획이라면 '게임업계'처럼 기획에 관해 의사 결정을 내리는 사람들이 속한 사회 집단이 기본이지만, 「포켓몬GO」의 사례에서 업계뿐만 아니라 어린 자녀를 둔 부모나 사회 전체가 게임에 대해 부정적인 생각을 가지고 있었듯이 더 큰 사회 집단을 둘러싼 공통의 선입견일 때도 있다.

컨셉 구문에서 선입견은 기본적으로 "기획의 내용과 관련된 의사 결정 과정에서 어떤 선입견이 발생할 수 있는가?"가 논점이 된다. 그러므로 '상품에 대한 고객의 고정관념' 같은 부분은 결과적으로 '사회 전반'처럼 범위 안에 포함될 수도 있지만, 고려의 우선순위는 낮다. 사실 이 부분은 기획이 속하는 "사회란 무엇인가?"라는 대상의 범위와도 관계가 있지만, 자세한 내용은 추후에 알아보도록 하자.

선입견을 포착하기란 그리 쉽지 않다. **선입견은 '자신의 머릿속에 어떤 생각이**

굳게 박혀 있다고 **자각하지 못하기 때문에' 선입견**이며 당사자가 스스로 깨치려면 요령이 필요하다. 선입견을 간파하는 방법에 대해서는 4장에서 자세히 알아보자.

■ 두 번째 원소, 인사이트

다음은 구문의 1~2번째 줄에 해당하는 '인사이트(I)'다. 마케팅이나 광고의 세계에서는 일반적으로 **'본인도 알아차리지 못한 욕구'**라는 의미로 쓰인다. 이 책에서는 조금 더 알기 쉽게 **'그 사람이 그렇게 행동하는 진정한 이유'**라고 정의하려 한다.

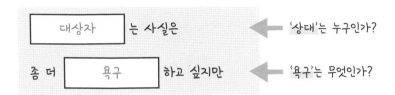

결국 "누구의 인사이트인가?"라는 이야기인데, 기획을 적용하고자 하는 '상대'를 주어로 둔다. 컨셉의 세 가지 요소 중 두 번째인 '누구를 상대로 한?'(for)'에 들어가는 사람이다. 비즈니스라면 고객이 될 테고 가족의 여름휴가에 대한 컨셉이라면 가족 모두가 된다.

그리고 인사이트에는 한 가지 더, 반드시 포함되어야 하는 구성 요소가 있다. 바로 '무엇에 대한', 즉 욕구의 대상이다.

아이가 '피망'을 먹으려 하지 않는 진정한 이유

페스티벌에서 젊은 사람들이 '탄산음료'를 마시고 싶어 하는 진정한 이유

요즘 사람들이 '소비'에 적극적이지 않은 진정한 이유

젊은 세대가 '투표'를 하러 가지 않는 진정한 이유

분석하면 '누가' '무엇에 대해' '그렇게 행동하는 진정한 이유'가 된다. 이것이 바로 인사이트다. 구조는 선입견과 비슷하다. 인사이트도 선입견도 '사람의 인식'에 관한 이야기이니 당연하다. 기획하는 '우리'뿐만 아니라 '상대'의 입장에서도 "그 사람은 그것에 대해 어떻게 생각하지? 그 결과 어떻게 행동하고 있을까?" 하고 통찰하는 느낌이라고 하면 이해하기 쉬울지도 모른다.

여기서 도출되어야 할 내용은 '욕구'이며, '진정한 이유'에 관한 답은 "○○하고 싶으니까!"처럼 바람이나 기대를 한눈에 알 수 있는 구문으로 만들어야 컨셉으로 연결하기가 한결 수월하다. 따라서 예를 들어 '싫다, 하기 싫다, 불안하다' 같은 부정적인 욕구일 때는 '그러면 정말 하고 싶은 일은 무엇인지'를 생각하거나 행동으로 이어지기 쉬운 욕구로 바꾸는 것이 좋다. 구문의 빈칸에 알맞게 넣어보면 '누가'는 첫 번째 상자에, '무엇에 대해 사실 어떻게 생각하는가'는 두 번째 상자에 들어간다.

여기서 포인트는 '진정한'이다. 이미 세상 사람들이 너도나도 알고 있어 "당연한 소리네"라는 말이 나올 법한 욕구는 '인사이트'라 부를 수 없다.

깊이 레벨1:

본인은 알고 있지만, 사회나 업계는 알아차리지 못하는 상태

("이런 게 있으면 참 좋을 텐데 왜 안 만들어줄까?")

깊이 레벨2:

본인은 어렴풋이 느끼고 있지만, 말로 표현하기는 어려운 상태

("뭔가 답답하단 말이야…….")

깊이 레벨3:

본인도 알아차리지 못한 상태

(자신의 인사이트를 꿰뚫는 기획을 보고서야 처음으로 깨닫는다. "그래, 바로 이런 게 필
요했어!")

레벨1은 정확하게 말하면 인사이트가 아니라 '수요를 포착하지 못한 상태'다.
본인도 자각하지 못했다는 인사이트의 정의에 따르면 레벨2 이상을 인사이트라
부를 수 있다. 이 부분은 '이곳이 아닌 어딘가'가 어디인지 스스로도 알지 못한
다는 이야기와도 이어진다. 레벨3에 해당하는 인사이트를 발견한다면 그것만으
로도 좋은 컨셉을 얻을 확률이 훌쩍 높아지지만, 선입견을 포착하는 것과 마찬
가지로 쉽지 않은 일이다.

어쨌든 깊이에 따라 차이는 있지만, 인사이트의 공통점은 '아직 채워지지 않
은 욕구'라는 점이다. 그것을 포착하는 것이 좋은 컨셉의 조건이다.

▬ 세 번째 원소, 비전

컨셉 구문에서 비전은 **기획이 내다보는 이상적인 사회의 모습**을 뜻한다. 그 기획이
어떤 상황에 어떤 '가치'를 더해 그 결과 어떠한 사회를 실현하려 하는가? 전과
후를 비교했을 때 기획을 받아들이는 쪽과 기획을 하는 쪽이 모두 속한 이 세계

가 어떻게 달라진다는 뜻인가? 그때 보이는 풍경을 명확하게 정의한 내용이 비전에 들어간다. 자신과 사회가 '이곳이 아닌 미래'로 향했을 때 어떤 풍경이 펼쳐지는가. 그것이 곧 비전이라 해도 좋다.

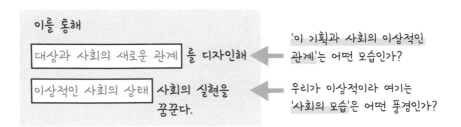

비전의 주어는 기획자도 기획을 적용하는 상대도 아니라 둘 모두를 포함한 '사회'다. 다만 이 사회란 매우 변화무쌍해서 둘레가 제각각인데, '우리'와 '상대'가 공유하는 틀을 가리킨다고 보면 된다.

구문의 빈칸 두 개는 각각 '이 기획과 사회의 이상적인 관계'와 '이상적인 사회의 모습'인데, 어쩐지 좀 비슷해서 헷갈리기 쉬워 보인다. 우선 좀 더 상위 개념인 두 번째 빈칸부터 살펴보자. 여기에는 이번 기획의 대상과 어떤 관계가 있는지와 전혀 상관없이 '사회 자체만 보았을 때 이상적인 사회란 어떤 상태인가' 하는 내용이 들어간다.

지금까지 살펴본 아이돌, 게임 등과 같은 기획의 대상을 단순한 수단으로 보고 '그게 뭐든 상관없이 우리는 어떤 사회를 이상이라 생각하는지'를 채워 넣는 것이다. 그 내용을 받는 형태로 첫 번째 빈칸에는 '그런 이상적인 사회에서 이번 기획의 대상이 어떤 역할을 해야 이상적인가' 하는 내용이 들어간다. 이번 기획의 대상인 'What'이 이상적인 사회에서 어떤 존재가 되기를 지향하는지 생각해보면 된다.

아이돌이 이 사회에서 어떤 존재가 되는 것이 이상적인 미래인가?

게임이 이 사회에서 어떤 존재가 되는 것이 이상적인 미래인가?

여성이 이 사회에서 어떤 존재가 되는 것이 이상적인 미래인가?

이처럼 사회와 대상의 이상적인 관계성을 정의한 내용이 들어간다.

왜 이 두 가지를 따로 나누어 생각해야 할까?

왜냐하면 첫 번째 상자의 내용만 생각하면 자신에게 유리한 비전만 있어도 빈칸을 채울 수 있기 때문이다. 예를 들어 첫 번째 칸에 "아이돌이 더 많은 사람에게 사랑받는 사회를 지향한다"라고 적고 비전으로 삼았다고 가정해보자. 제작자로서는 보람이 있는 비전일지도 모르지만, 지금껏 아이돌에 관심이 없었던 수많은 사람에게는 자칫 '관계없는 미래'로 다가올지도 모른다. 아이돌이 사랑받는 것은 기획의 당사자나 아이돌업계 종사자에게는 의미가 있지만, 그 밖의 사람들에게는 아이돌업계의 번영이 아니라 '자신의 인생에 어떤 도움이 되느냐'가 중요하다. 결과적으로 같은 '미래 사회'를 이야기하더라도 빛을 비추는 방법, 스포트라이트를 떨어트리는 위치가 다른 셈이다. 바꿔 말하자면 '글의 주어가 다르다'는 뜻이다.

"고객이 원하는 것은 드릴이 아니라 구멍이다."

유명한 마케팅 이론 중 하나인 테오도르 레빗의 '나사 구멍 이론'인데, 구조적으로는 이와 비슷하다. 드릴이 고객에게 어떤 존재여야 이상적인지, '제공하는 상품이나 서비스를 통해 생각한 사회의 이상'을 첫 번째 상자에 넣는 것이다.

드릴 따위 상관없이 애초에 이 기획의 대상이 어떻게 되기를 원하는지, '기획과 상관없이 이상적인 사회의 모습'을 두 번째 상자에 넣는 식이다. 실제로 생각할 때는 대부분 순서를 거꾸로 하는 것이 좋다.

"우리가 상대하는 '사회'란 어떤 모습이 되어야 모든 사람에게 좋은 미래일까?" : 두 번째 상자

↓

"그 좋은 미래에서 이번 기획의 대상은 어떤 존재로 자리 잡는 것이 가장 이상적일까?" : 첫 번째 상자

이처럼 **'우선은 자신의 상황과 형편을 따로 떼어놓고 생각하기'** 위해서라도 우리가 다루는 '기획과 상관없이 마주하고 싶은 사회'에서부터 생각을 펼쳐나가는 것이 좋다.

회사를 운영하다 보면 사회의 이상 따위는 어딘가로 내던지고 '매출 증가', '시장 점유율 1위 탈환', '주력 사업의 부활' 등 회사의 목표만 바라보기 십상이다. 비전이란 사회를 주어로 두고 생각하기 위한 항목이자 일종의 전제이니 우선은 반드시 "우리가 무엇을 하든 하지 않든 사회는 존재한다"라는 객관적인 시선으로 생각해보기를 바란다. 객관적이면서도 자신의 의지 또한 중요하다는 말은 언뜻 모순되어 보일지도 모르지만, 이에 관해서는 4장에서 좀 더 자세히 살펴보도록 하자.

또 하나의 중요한 포인트는 **'여기서 생각하는 사회란 어디서부터 어디까지를 가리키는가?' 하는 '사회의 정의'**다.

예전에 한 장난감 회사의 공채에 지원한 학생에게 취업 상담을 해준 적이 있다. 학생은 면접에서 "장난감으로 좋은 사회를 만든다"라는 자신의 비전을 내세우고 싶어 했다. 하지만 그와 동시에 자신의 지원 동기에 불안을 느끼고 있었다.

예를 들어 '자신이 아무리 좋은 장난감을 만들어도 바다 건너편에 있는 나라에서 잔류 지뢰 때문에 고통받는 아이들을 구제하는 일로 이어지지는 않는

다. 그렇다면 장난감은 사회를 행복하게 만들지 못하는 것이 아닌가? 그럴 바에야 지뢰 제거에 힘쓰는 편이 훨씬 사회에 보탬이 되지 않을까?'라고 생각한다면 논리에서 크게 벗어난 이야기가 아닐까?

이 이야기는 '장난감 회사가 마주하려 하는 사회'와 '지뢰 때문에 고통받는 아이들의 사회'의 정의가 너무나 다르다는 뜻이다. 너무나 추상적인 말임에도 많은 사람이 당연하게 사용해서 깜빡하기 쉽지만, '사회'란 각각의 입장이나 역할이나 이해에 따라 모습을 바꾸는 상대적인 개념이다. 학생이 느끼는 불안의 정체는 바로 "내가 마주하고자 하는 사회란 무엇인가?" 하는 정의의 모호함이었던 것이다.

그가 면접에서 꺼내야 할 말은 '장난감이 마주해야 할 사회란 무엇인가'이다. 그것을 언어로 명확하게 표현하면 "좋은 사회를 만든다면서 아이들을 괴롭히는 지뢰는 조금도 해결하지 못하지 않나요?" 같은 논점에서 벗어난 비판을 막아낼 수 있다(물론 면접관은 이런 질문을 하지 않겠지만……).

이런 논리는 우리 사회가 각박하고 어려워졌을 때 더 쉽게 등장한다. 동일본 대지진 직후 일본은 '후킨신가리'로 들끓었다. '후킨신가리'란 '불경함을 사냥한다'는 뜻의 신조어인데, 많은 이재민이 힘들어하고 있으니 자숙해야 한다며 특정 인물의 말과 행동을 맹렬하게 비난하는 행동을 가리킨다. 이런 사태 또한 비난하는 사람이 생각하는 사회와 비난받는 사람이 정의하는 사회가 사실 서로 다르다는 데서 비롯된다. 과거의 폐쇄적인 사회 집단처럼 공동체가 일원적인 사회 구조를 지녔던 시대에는 뜻이 어긋나기 어려웠지만, SNS로 세계가 지나치게 긴밀하게 연결된 지금은 서로가 바라보는 '사회'의 정의가 다른 줄도 모르고 소통하다가 끝내 어긋나버리는 경우가 셀 수 없이 많다.

어쩌면 이런 의문이 들 수도 있다.

"아주 작은 범위를 대상으로 기획의 컨셉을 생각하는데, 정말로 사회 같은 거창한 문제를 생각해야 할까?"

하지만 '사회는 상대적'이라고 말했듯이 설령 범위가 개인의 사생활과 같이 한정적이라 해도 여러 사람이 어떠한 이상을 함께 나누어 가질 필요가 있다면, 컨셉 구문에서는 그것을 **'사회라는 단위'**로 본다.

"우리 가족의 여름휴가 컨셉"이 대상으로 삼는 사회란 '우리 가족'일 수도 있고 '우리 가족과 주변에 있는 친척'까지 포함될 수도 있다. 매년 친구의 가족과 함께 여행을 떠난다면 '친구의 가족'도 사회의 범위에 들어간다.

이처럼 상대적인 '사회'의 범위를 일단 어디까지로 보고 컨셉을 생각해야 할까? 어디까지를 '상관있는 사람'으로 보아야 할까? 기획이 앞으로 마주하려 하는 '사회'란 어디일까? 막연한 말로 달아나지 않고 이를 분명하게 정의하는 것이 중요한 포인트다. 그리고 선입견에 관한 이야기에서 다룬 "선입견에 사로잡힌 우리를 포함하는 범위"도 여기서 말하는 사회와 거의 일치한다.

사회의 범위는 반드시 객관적인 관점으로 정해지는 것은 아니다. 기획자가 지닌 의지와도 큰 관계가 있다. 같은 사람이라도 여러 사람 앞에서 연설을 잘하는 사람이 있는가 하면, 한 환자와 몇 년에 걸쳐 천천히 관계를 형성하는 데 탁월한 사람도 있다. 이 두 사람 사이에 우열은 없고 그저 성격이 서로 다를 뿐이다. 이와 마찬가지로 기획에도 '걸맞은 사회의 범위'가 있다. 2장에서 '모여들다'라는 컨셉의 효과를 설명하며 다룬 '기획의 적절한 범위'와도 이어지는 내용이다. 부디 **기획이 만들고자 하는 "좋은 사회"에서 사회란 무엇인지**를 추상적인 상태로 내버려두지 말고 과연 누구를 가리키는 말인지 곰곰이 생각해보았으면 한다.

B × I × V = 'C'

세 가지 원소가 만드는 BIV-C 모델

가시화한 컨셉의 뒷면에는 이런 구성 원소들이 배경처럼 자리 잡고 있다. 그런데 곰곰이 생각해보면 선입견(B), 인사이트(I), 비전(V)은 실체가 있는 사회의 고찰을 통해 도출되지만, 정작 중요한 컨셉(C) 자체는 가장 눈에 보이지 않는 개념이 아닌가 싶다. 오케스트라의 지휘자는 실제로 어떤 소리도 내지 않으면서 모든 음에 영향을 미치고 음악 전체와 연주회 전체의 방향을 결정한다. 이처럼 컨셉 또한 '겉으로 드러나지는 않지만 보이는 모든 요소의 방향을 결정한다'.

컨셉의 세 가지 요소를 정리하면 다음과 같은 내용이 된다.

선입견(B): '우리'가 가지고 있던 기존의 상식과 어떻게 다른가?
- 기획을 하는 사람, 기획의 내용에 관해 의사 결정을 내리는 사람이
- 기획의 대상에 대해 안고 있는 '고정관념'

인사이트(I): '상대'의 어떤 욕구에 답하는가?
- 기획을 받아들이는 상대가
- 본인조차 아직 깨닫지 못한, 대상에 대한 진짜 욕구

비전(V): 어떤 '사회'를 이상적인 사회로 보는가?

· 기획자와 소비자가 모두 속한 '사회'의

· 서로가 '이랬으면 좋겠다'고 생각하는 이상적인 미래이자

· 기획의 대상과의 이상적인 관계성을 정의한 내용

그러면 컨셉이란 **'인사이트(I)에서 출발한 선입견(B)과 비전(V)의 각도'**가 된다. 정확히 무슨 말일까?

조금 더 직감적으로 각 원소의 관계를 파악하기 위해 'BIV-C' 모델을 그림으로 정리했다. 따로따로 분해해서 순서대로 살펴보자.

컨셉의 BIV-C 모델

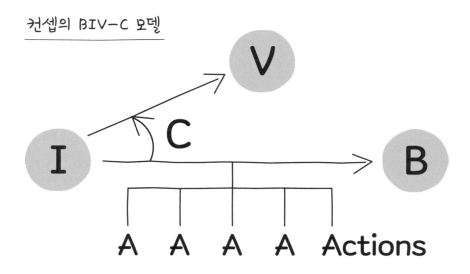

▜ 미래는 대부분 ‘보통’의 다음으로 인식된다

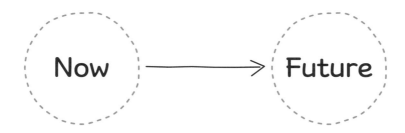

인간은 자연히 ‘지금의 인식’을 바탕으로 현실을 파악하고
앞으로도 그러한 인식이 유지될 것이라는 전제로 생각한다.

먼저 현재 상황에 관한 인식을 들여다보자. 사람들은 세상의 많은 존재에 대해 “지금은 이러하니(Now) 앞으로도 그럴 것이다(Future)”라고 인식한다.

  예를 들어 라면은 국물 요리라든지, 자동차는 달리는 물체라든지, 게임이란 건전하지 않다든지…… 지금 모두가 당연하다고 생각하는 것, 앞으로도 줄곧 변하지 않으리라고 믿는 것. 사람들이 자주 쓰는 “보통은 ○○지”라는 말도 이런 인식에서 비롯되었다.

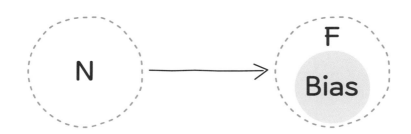

하지만 우리가 예측하는 미래에는 ‘선입견(B)’이
포함되어 있다는 사실을 깨닫지 못한다.

제 3 장 컨셉은 무엇으로 이루어지는가   117

하지만 그러한 인식과 이를 바탕으로 한 미래 예측은 다름 아닌 '선입견(B)' 에서 비롯된다. 그림에서 미래를 향해 쭉 뻗은 화살표는 '가만히 놔두면 앞으로 이렇게 될 것'이라는 예측을 뜻한다. 이처럼 '현재 상황의 연장선'이라 할 수 있는 인식은 앞으로도 변함이 없으리라는 암묵적인 전제하에 미래를 내다본다.

사람뿐만 아니라 대부분의 생물은 고정관념 없이는 살아가지 못한다. 매일 아침 눈을 뜰 때마다 "저 문처럼 생긴 건 사실 문이 아닐지도 몰라. 이건 나의 고정관념일지도 모른다고!" 하며 하나하나 자신의 인식을 의심해서는 아무것도 할 수 없다. 그러므로 선입견 자체가 나쁜 것은 아니지만, 선입견에 가려진 시야 탓에 누군가는 낡은 규칙으로 고통받거나 새로운 가능성을 놓치고 있을지도 모른다. 그렇다면 우리는 무엇을 놓치고 있을까?

▛ 선입견과 인사이트 사이에 '딜레마'가 있다

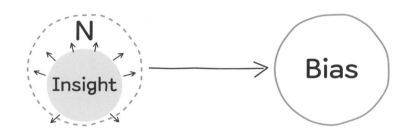

'선입견(B)' 탓에 사회도 본인도 알아차리지 못한
'이곳이 아닌 어딘가'를 향한 '욕구',
즉 '인사이트(I)'가 제각각 다른 각도로 뻗어 있다.

우리가 놓치고 있는 것은 바로 '인사이트(I)'다. 인사이트를 포착하지 못하는 당사자란 업계나 사회처럼 자신을 둘러싼 주변 사람만이 아니다. 자기 자신 또한 세상의 상식에 순응하느라 스스로의 진정한 욕구를 제대로 알아차리지 못하기도 한다.

사회나 개인이 자기도 모르는 사이에 단념하거나 받아들인 것들 속에 현재 상황의 연장선과는 다른 '작은 생각'이 이곳저곳에 크고 작은 화살표들로 존재하고 있다. 이처럼 본인도 또렷하게 자각하지 못했으나 미처 채우지 못한 욕구가 '이곳이 아닌 어딘가'로 가야 한다는 느낌으로 마음속을 떠다니고 있다는 것이다.

조금 더 직감적으로 이해하는 데 도움이 되는 포인트는 '인사이트는 무수히 많다'는 점이다. 실제로 자신이 맡은 기획과 관련해서 인사이트를 단 하나의 객관적인 정답인 양 받아들이는 사람이 적지 않다.

하지만 애초에 본인조차 눈치채지 못한 욕구가 하나일 리는 만무하다. 무수히 많은 인사이트 가운데 어떤 인사이트를 기획의 컨셉으로 다룰 것인가. 객관식 문제의 답안 같은 느낌이 아니라, 그림을 그리거나 음악을 만들 때처럼 '정답은 없지만 적절한 선택지는 존재하는' 느낌으로 마주해야 한다.

지금까지 컨셉을 생각하는 데 필요한 최소 단위인 선입견과 인사이트의 관계를 살펴보았다. **'사실은 이것을 원하지만 세상의 고정관념 탓에 알아차리지 못한다'는 딜레마야말로 컨셉의 출발점**이다. 아주 단순하게 말하자면 선입견(B)과 인사이트(I)의 틈새에서 아직 누구도 찾지 못한 딜레마를 찾아낸다면, 컨셉(C)을 만드는 과정이 이미 절반은 끝났다고 보아도 과언이 아니다. 하지만 가능하다면 컨셉의 효과를 최대한 끌어올려야 하지 않을까. 비전(V)은 바로 이를 위한 원소다.

▛ 비전은 '용기'의 원동력

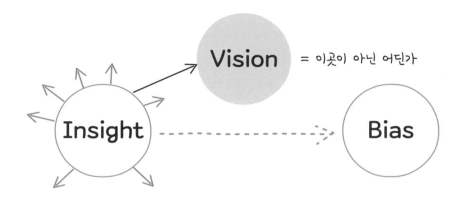

컨셉(C)을 구상하는 '우리'가 "이런 미래가 왔으면!" 하고 '꿈꾸는 이상,
즉 비전(V)'과 인사이트(I)가 서로 호응할 가능성을 찾는다면……

무수히 많은 인사이트(I) 가운데 이번 기획으로 대응하고자 하는 인사이트는 무
엇인가? 어떻게 인사이트를 선택해야 하는가?

물론 장난감 회사 이야기에서 설명했듯이 '기획이 어떤 내용인지 그리고 기
획이 속한 사회가 어떤 집단인지'에 따라 좌우된다는 사실은 변함없다. 이와 더
불어 중요한 부분이 '어떤 사회를 꿈꾸며 기획하는가', 즉 비전(V)이다. 비전과 인
사이트의 관계는 다음과 같다.

- 비전은 아직 보이지 않는 개개인의 마음속 작은 인사이트가 온전히 이루어졌을
  때 나타나는 세상이다.
- 커다란 비전이 아무도 바라지 않는 헛된 상상이 되느냐 그렇지 않느냐는, 지금
  사람들이 안고 있는 작은 인사이트와 커다란 비전이 거리는 멀더라도 서로 이어

져 있느냐에 달려 있다.

기존의 인식에서 벗어나야 비로소 컨셉이라 할 수 있으므로 누군가는 불가능하다고 말할 수도 있고 '이상한 사람' 취급을 받을지도 모른다. 애초에 '이곳이 아닌 어딘가'로 간다는 것은 지금의 흐름을 거스른다는 뜻이니 저항이나 마찰은 당연히 발생하기 마련이다. 그러므로 반대하는 의견이 많더라도 자신에게는 확신이 있다고 맞설 토대가 필요하며, 그것이 곧 비전이다. 앞에서 소개한 쥘 베른의 명언 "사람이 상상할 수 있는 것은 모두 실현할 수 있다"는 "비전이 있으면 뭐든 실현할 수 있다"라는 말로 바꿔 말할 수도 있다.

최근 젊은 세대에게 지지를 얻은 광고 카피나 기업의 슬로건 중에는, 단순히 상품의 특징이나 매력이 아니라 보는 사람과 사회에게 지금까지와 다른 '이곳이 아닌 어딘가'를 제시하는 내용이 많았다. '광고이니 상품을 많이 팔 수 있는 내용', '기업이니 주가를 높이는 내용'이어야 한다는 시야를 뛰어넘어 낡은 규칙을 깨트리고 새로운 약속을 사회에 제안한 것이다. 사람들은 이제 단순히 '원하는 물건을 사는' 것이 아니라 '닮고 싶은' 자신의 이상을 갈구한다. '이곳이 아닌 어딘가'를 대신 제시해주기를 간절히 바란다.

따라서 우리가 세상에 내놓는 기획이 누군가에게 '이곳이 아닌 어딘가'가 된다면, 그것이 가장 강력한 기획이다.

그러려면 우선 기획자도 "우리는 이런 모습을 원한다!"라는 비전을 끊임없이 보여주어야 한다. "우리는 이상이고 나발이고 팔리기만 하면 뭐든 한답니다!"라고 외치는 듯한 몰인정한 기획은 앞으로 점점 더 사랑받지 못하게 될 것이다.

토라야도 에르메스도 마케팅은 하지 않는다고 말한다. 다시 말해 '고객이 원하면 뭐든 만드는 방식은 잘못되었다'는 뜻이다. 선입견(B)과 인사이트(I) 이전에

기획하는 나 자신의 비전(V)은 무엇일까? 앞으로 비전은 점점 더 중요한 기획의
토대가 될 것이다.

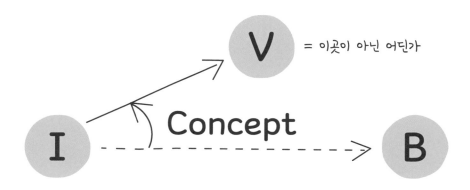

'지금 이대로의 현실 = B'에 대한 의문을 바탕으로
'이곳이 아닌 어딘가 = I → V'를 찾아냈을 때
그곳으로 나아갈 나침반이 되는 각도가 곧 'C = 컨셉'이다.

🗂 컨셉은 '새로운 제안'이 만든 평범한 미래와의 '각도'

이제 선입견(B), 인사이트(I), 비전(V)의 관계는 모두 정리해보았다. 그렇다면 이
책의 주제이기도 한 '컨셉(C)'은 어디에 들어갈까?

> 기존의 인식을 바탕으로 평소처럼 생각하면 이렇게 되지만 = B
> 사람들이 느끼는 아직 채우지 못한 욕구에 부응해 = I
> 앞으로 이런 사회가 실현되면 좋겠다고 생각하면 = V
> 기획의 컨셉은 이런 내용이 된다. = C

쉬운 말로 풀어내보면 이런 식이다. 컨셉 구문과 내용이 거의 같은데, 단순히 말하자면 **'컨셉이란 현재와 이상의 각도'**라고 할 수 있다. 이를 수학적으로 표기하면 '∠BIV = C'가 된다. 지금 이대로 두면 앞으로 이렇게 되겠지만(선입견), 그쪽이 아니라 이쪽(인사이트)이라며 두 선의 '각도'를 벌리는 것이다. 그 각도를 말로 명확하게 풀어낸 것이 컨셉이다.

아이돌은 쉽게 만날 수 없는 존재지만, 직접 만날 수 있으면 좋지 않을까? 게임은 건전하지 않은 놀이지만, 게임을 하면서 건강까지 챙길 수 있지 않을까? '이곳이 아닌 어딘가'의 반대말은 '지금 이대로'이며, 컨셉이란 지금 이대로와 무언가 다른 '이곳이 아닌 어딘가'가 어디인지를 가리키는 각도인 셈이다.

기획자의 고정관념을 뛰어넘어
상대가 아직 알아차리지 못한 욕구를 새로운 방법으로 충족하고
끝내 지금보다 좋은 사회의 실현에 조금이나마 다가간다.

즉, 이런 제안이 되면 아주 훌륭한 컨셉이라 할 수 있다. 여기서 '제안'이라는 말을 사용하는 이유는 컨셉을 만들고 기획에 담아내는 사람의 능동적인 의지가 필요하기 때문이다. 단순히 적절한 말로 표현하거나 멋진 말로 분석하는 것만으로는 컨셉이라 부를 수 없다.

보통 아이돌은 만날 수 없는 존재라고 여기지만, '만나러 갈 수 있는 아이돌'은 어떨까요?
집과 직장만 오가며 살아가는 사람에게 '제3의 장소'가 생긴다면 어떨까요?
게임은 건전하지 않다고 생각하는 사람들에게 '밖으로 나가고 싶어지는 스마트폰

게임'을 선보이면 어떨까요?

이처럼 **좋은 컨셉은 좋은 '제안'이 된다.** 반대로 아무런 제안도 담겨 있지 않은 내용은 컨셉이 되기 어렵다.

어려움을 겪는 사람, 뭔가가 부족하다 여기는 사람이 있는데
기존의 기업들은 그 사실을 놓치고 있으니
만약 그들의 욕구를 채워줄 수 있다면
지금보다 조금 더 좋은 미래를 실현할 수 있을지도 모른다.

이럴 때 당신이라면 어떤 제안을 할까?

이렇게 제안의 방향성을 만들려 하는 노력이 쉽게 말해 '컨셉 만들기'다.

지금까지 그림으로 살펴보았듯이 컨셉의 각도에는 정해져 있는 답이 없다. 그러므로 상식을 완전히 뒤집는 '180° 변신'도 가능하고, 아주 약간만 변화를 주는 '1° 변신'이라도 새로운 의미가 탄생한다면 충분히 가치 있는 컨셉이다. 왠지 모호했던 '컨셉'의 모습이 좀 더 선명해지지 않는가?

기획이 얼마나 새로워야 하느냐는 복잡한 논점 중 하나다. 상대의 수요뿐만 아니라 기획하는 사람의 의지에 좌우되는 부분도 있기 때문이다. '새로운가, 새롭지 않은가'라는 흑백 논리가 아니라 각도의 차이로 받아들이는 것이 좋은 이유도 그 때문이다.

물론 욕구를 충족하려면 어느 정도는 새로워야 한다. 왜냐하면 정말 단 1°도 새롭지 않은 기획은 이미 다른 무언가가 대신할 수 있고, 그 말인즉 '이곳이 아닌 어딘가'로 갈 필요가 없다는 뜻이기 때문이다. 하지만 새롭기만 하면 욕구를

무조건 충족할 수 있다는 뜻은 아니니 "새로우면 만사 오케이!"는 아니라는 점을 꼭 알아두자.

이 모델을 통해 정리해보면 선입견이 가리키는 미래의 선은 재미있어 보이지도, 좋아 보이지도 않는다. 하지만 실제로 컨셉을 구상하는 과정에서는 이 선이 완전히 반대로 나타난다.

일본의 「전파 소년」이라는 전설적인 예능 프로그램을 제작한 전 니혼테레비의 츠치야 토시오 프로듀서는, 당시 회사에서 처음 기획을 제안했을 때 대부분의 직원에게 "그런 건 방송이 아니다!"라는 말을 들었다고 한다. 인지도 없는 연예인을 기용하고 핸디캠만 손에 들려준 채 촬영하는 방식, 제대로 된 대본도 없이 현장에서 일어나는 해프닝에 모든 것을 맡기는 방식……. 모두 당시 방송 제작의 상식으로 보면 터무니없게 느껴지는 방법이었다. 하지만 츠치야 토시오 프로듀서는 동료들의 그런 반응을 보고 오히려 이렇게 생각했다고 한다.

'이건 성공할지도 몰라. 엄청나게 새로운 게 탄생할 거야!'(한편 「전파 소년」은 지나치게 자극적인 리얼리티 기획으로 논란이 있었으며, 이를 다룬 다큐멘터리도 공개된 바 있다는 점을 독자들에게 일러둔다-옮긴이)

다시 말해 선입견이 가리키는 미래야말로 본래 사람들이 안전하고 좋다고 여기는 길이며, 반대로 이상한 방향으로 각도를 벌린 **컨셉은 적어도 세상에 태어나기 전에는 엉터리처럼 보였다**는 이야기다. "그런 건 ○○이 아니다!"라는 말에 기획의 대상이 속한 업계나 개념의 영역을 대입해 생각해보자. '이곳이 아닌 어딘가'로 가려면 때로는 이렇게 강한 비난을 받는 컨셉이 필요하며, 설령 주위 사람이 "그런 건 ○○이 아니다!"라고 비판하더라도 자기 자신만은 확신을 가질 수 있도록 BIV에 근거한 탄탄한 컨셉이 있어야 한다.

"좋은 아이디어는 언뜻 미친 소리처럼 들리지만, 논리적으로 옳은 이야기다."

OpenAI의 최고경영자 샘 올트먼도 이렇게 말했다. 이 말은 아이디어를 컨셉으로 바꿔도 그대로 성립된다. 여기서 '논리적으로 옳다'는 것은 번뜩임이나 참신함만으로 컨셉을 내놓지 않고 BIV를 근거로 탄탄히 설계했기에 만들어지는 올바름이다. 그리고 그 올바름 덕분에 컨셉은 '용기와 확신의 근원'이 된다.

🗂 컨셉이 'A=행동'을 낳고 현실을 바꾼다

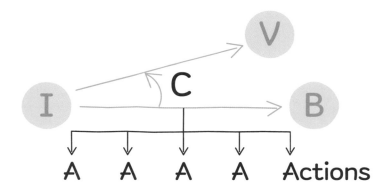

컨셉(C)에 의해 방향이 정해진 '새로운 인식 → 척도 → 결정'을 바탕으로
'실제로 어떤 행동을 할 것인가', 즉 'Action'을 결정하고 실행함으로써
'이곳이 아닌 어딘가'가 구체적으로 어떤 미래인지 모양이 잡히기 시작한다.

컨셉이 정해지면 그에 따라 '실제 사회에서 기획이 구체적으로 어떤 작용을 하는가'를 뜻하는 '행동', 즉 'Action'으로 이어진다. 컨셉에서 그치면 나침반은 손에 넣었지만 출항은 하지 않는 것이나 마찬가지다. 컨셉이 찾아낸 새로운 인식과 척도 그리고 그에 따른 의사 결정과 그 너머에 있는 '이곳이 아닌 어딘가'의 실현을 위해 컨셉(C)을 행동(A)으로 연결해야 한다.

🖣 반드시 세 가지가 모두 있어야 하는가

만약 선입견(B), 인사이트(I), 비전(V) 가운데 어느 한 부분만 파악해서 컨셉을 만들어낸다면 어떤 문제가 발생할까?

예를 들어 **선입견(B)만으로 컨셉을 구상하면 단순한 '역투자'**가 될 가능성이 크다. "보통은 이렇지만 반대로 생각하면 이렇다"라는 발상은 말로 표현하기는 쉽지만, 실제로 그런 엉뚱한 컨셉으로 모든 관계자를 설득하고 아군을 늘려 현실로 만들기란 무척 어렵다.

자칫하면 '말로는 재미있어 보였는데 실제로는 아무도 원하지 않거나' '애초에 기획자도 단순히 반대되는 방향을 제안했을 뿐이라 당사자조차 의욕이 없는' 사태가 벌어질 수도 있다.

최근 다른 사람의 논리를 반박하며 무분별하게 비난하는 경우가 많아지면서 사회적으로 경종을 울리는 목소리가 많아졌다. 그렇게 허를 찔러 상대방을 이긴다고 해서 반드시 누군가에게 도움이 되지는 않는다는 사실을 알 수 있다. 물론 선입견을 뒤집으면 신선할 테고 새롭지 않으면 소비자가 원하지 않는다는 점은 진리일지도 모르지만, 새롭다고 해서 모두가 원하는 것은 아니다.

인사이트(I)만 가지고 컨셉을 구상하면 '우리가 그 일을 해야 하는 이유'를 찾지 못할 수도 있다. 실제로 뭔가를 자세히 조사하다 보면 점점 비슷비슷한 인사이트가 나타나곤 한다. 인사이트는 무수히 존재하므로 아예 찾지 못하는 것과 다름없을 만큼 '너무 많이 나와서 반대로 무엇을 골라야 할지 알 수 없는' 상태가 되는 것이다. 양도 많고 건강에 좋으면서 맛도 있는…… 누구나 많든 적든 생각할 법한 당연한 욕망 말이다. 회의를 하다 보면 이런 욕망의 모음집 같은 이야기가 쏟아져 나오곤 한다.

정말 어려운 일은 인사이트를 생각하는 것이 아니라 그 가운데 '어떤 인사이트를 기획의 뿌리로 삼을지'를 결정하는 것이다. 그러나 인사이트만으로는 상대의 입장에서 전혀 관계가 없다고도 볼 수 있는 "그 기획을 우리가 해야 하는 이유는 무엇인가?"라는 물음에 답할 수 없다. 상대에게 답을 바라지 말고 선입견 (B)과 비전(V)을 통해 각도로 찾아내야 할 포인트일지도 모른다.

또한 인사이트만으로 돌파하려고 하면 '이미 사람들이 희미하게 느끼는 욕구'를 바탕으로 컨셉을 구상하기 쉽다. 따라서 현재 상황의 연장선 위에서 '개선 방안'을 찾게 되고 자연히 '이곳이 아닌 어딘가'로 가지 못할 확률이 높아진다. 이런 일이 일어나는 이유는 인간이 존재하지 않는 것을 분명하게 갈망하지 못하기 때문이다. 이와 관련해 자세한 내용은 4장에서 소개하겠다.

비전(V)만 있으면 '헛바퀴'가 될 우려가 크다. 열정적이고 사회에 문제의식도 가지고 있지만 아무리 해도 뜻이 전해지지 않거나 멀리서 응원은 하지만 직접 도와주는 사람이 없고 기획에 참여하는 사람이 늘지 않는다면, 자신이 독선적으로 헛바퀴만 돌리고 있다는 증거일지도 모른다.

열정적이고 뜨거운 것은 좋지만, 막상 세상에 내보이고 보니 '아무도 원하지 않는 것'일 때도 있다. 더불어 독선적으로 생각하면 다른 비슷한 기획과 겹치는 부분이 생기기도 쉽다. 다른 기업도 이미 하고 있는 이야기일 수도 있다는 것이다.

정말 그것을 원하는 사람이 존재하는지, 유사한 다른 존재가 아니라 반드시 이것이어야만 하는 근거에 선입견을 뛰어넘는 자신만의 발상이 담겨 있는지. 이러한 부분이 역시 무척 중요하다.

컨셉의 형태

▟ 보통은 세상에 드러나지 않는다

컨셉은 이렇게 많은 변수를 검토한 끝에 만들어지는데, 과연 사람들은 자신이 좋아하는 상품이나 브랜드의 컨셉을 알고 있을까? 모른다고 대답하는 사람도 생각보다 많을 것이다. 그렇다. 컨셉은 기본적으로 세상에 직접 드러나지 않는다.

나의 친구이자 훌륭한 카피라이터인 아베 고타로의 표현을 빌리자면 **"컨셉은 주먹밥의 재료와 같다"**. 속 재료는 밖에서는 보이지 않지만, 주먹밥의 가치를 결정 짓는다. '연어'나 '참치'처럼 그것이 어떤 주먹밥인지 정의해주는 존재가 바로 컨 셉이라는 이야기다.

스타벅스의 "제3의 장소"라는 컨셉도 매장 안이나 상품의 포스터에 따로 적 혀 있지는 않다. 그리고 제3의 장소라서 스타벅스에 간다는 사람도 거의 없다. 하지만 "제3의 장소"라는 컨셉이 스타벅스의 변수 하나하나에 어떻게 새로운 '인식 → 척도 → 결정'을 불러왔는지는 '스타벅스'라는 고유명사가 하나의 장르 를 가리키는 일반 명사처럼 자리 잡은 지금을 생각하면 분명히 알 수 있다. 이 컨셉이 없었다면 콘센트가 달린 자리도, 여유로운 자리 배치도, 흡연을 철저하 게 금지하는 매장 환경도, 어쩌면 존재하지 않았을지도 모른다. 컨셉이 있기에 구성 요소 하나하나가 '굳어지고' '번뜩이고' '두드러질' 수 있었다.

세상에 드러나지 않더라도, 컨셉을 활용하고 기획하는 사람들 사이에서 컨셉은 이해하기 쉽고 공유하기 편리하며 온전히 제 역할을 다해야 한다. 그때 컨셉은 어떤 모양을 하고 있을까? 단순히 말뿐만이 아닌, 컨셉의 대표적인 다섯 가지 형태를 각각의 장점과 함께 소개한다.

▊⌐ 첫 번째 형태, '말'

첫 번째는 역시 말이다. 지금까지 알아본 컨셉은 모두 "제3의 장소"나 "만나러 갈 수 있는 아이돌" 같은 '말'이었다. '말'은 가장 많이 쓰이는 컨셉의 형태다. 왜냐하면 **컨셉을 만드는 사람도 받아들이는 사람도 가장 '쓰기 쉬운' 형태이기 때문**이다. 펜과 종이만 있으면 혹은 스마트폰만 있으면 어디서든 만들 수 있고 비용도 거의 들지 않는다.

말만 통하면 어떤 사람에게든 쉽게 공유할 수 있고 프레젠테이션하는 시간도 노력도 적게 든다.

또한 말이 좋은 이유는 '가정'이나 '미래'나 '개념'처럼 지금은 아직 존재하지 않는 것도 쉬이 다룰 수 있다는 점 때문이다. 아직 그 누구도 본 적 없는 기획이더라도 말로는 컨셉을 표현할 수 있다. 물론 은유나 말을 만드는 스킬 등 어느 정도의 요령은 필요하겠지만, 듣는 이에게 문해력을 크게 요구하지 않는다는 점도 장점 중 하나다.

⌐┐ 두 번째 형태, '그림'

두 번째는 '그림'이다.

허브 라이먼이 그린 디즈니랜드의 컨셉 아트를 본 적이 있을까?

『디즈니 꿈의 왕국을 만들다(ディズニー 夢の王国をつくる)』(마티 스클라, 가와데쇼보신샤, 2014)에서 일부를 가져와 살펴보자.

1953년 9월 26일 오전 10시쯤, 갑자기 월트 씨에게서 전화가 왔다.

(중략)

"하비, 난 놀이공원을 만들 생각일세. 지금도 마침 그 이야기를 하던 중이지."

…… "놀이공원의 이름은 뭔가요?"

"디즈니랜드가 어떨까 싶어."

"좋은 이름이네요. 그런데 저는 어쩐 일로 부르셨을까요?"

"월요일 아침에 로이가 뉴욕에 갈 걸세. 은행가를 만날 예정이지. 초기 자금으로 1,700만 달러가 필요해. …… 자네도 알다시피 은행가들은 상상력이 부족해. 무슨 일을 하고 싶은지 설명해봤자 머릿속에 그릴 줄을 모르지. 시각적으로 표현하지 못하는 거야. 그러니 투자금을 얻어낼 수 있는 기회에 우리가 어떤 일을 하려는지 직접 보여주어야만 해."

"저한테도 꼭 보여주세요. 어디에 있나요?"

그는 나를 가리키며 말했다.

"자네가 그리는 거야!"

그렇게 해서 완성된 최초의 일러스트에는 디즈니랜드의 원형이 사뭇 정교하게 담겨 있다. 월트 디즈니의 상상이 허브 라이먼의 그림을 통해 컨셉이 된 것이다.

조금 전에 '말'은 어떤 컨셉이든 쉽게 표현할 수 있는 방법이라고 이야기했는데, 상대와 문화적 배경이 다르면 제대로 전해지지 않는 부분도 있다는 것이 단점이다. 예를 들어 한국어로 된 컨셉을 영어를 쓰는 사람에게 뉘앙스까지 포함해서 온전히 전하려면 단순한 번역만 가지고는 부족하다. 또한 머릿속의 이미지를 '말'로 공유한다고 모든 사람이 머릿속으로 완전히 똑같이 이해한다는 보장은 없다. 말은 '기존의 개념을 합친 것 이상의 뜻은 표현하기 어렵다'는 점도 단점 중 하나이기 때문이다.

반면 그림은 언어의 벽을 뛰어넘어 같은 것을 눈에 보이는 형태로 공유할 수 있다. 월트 디즈니가 다른 가치관과 문화적 배경을 지닌 은행가에게 컨셉을 전하기 위해 그림이라는 수단을 선택한 이유도 충분히 납득이 간다.

최근 회의나 토론 등에서 나온 의견과 아이디어를 그 자리에서 그림으로 정리하는 그래픽 리코딩이 주목받고 있듯이, **그림은 해석의 차이를 줄이고 빠르고 직감적으로 내용을 풍부한 정보와 함께 표현할 수 있다.**

🖥 세 번째 형태, '도식'

그림과 비슷하면서도 다른 세 번째 형태는 '도식'이다. 예시로 제프 베이조스가 종이 냅킨에 그렸다는 아마존의 사업 모델을 살펴보자. 이 도식에는 그가 아마존이라는 새로운 사업으로 무엇을 만들고자 했는지가 그대로 담겨 있다. 이 새롭고도 보편적인 도식이 이후 대형 서점을 위협하게 되었다.

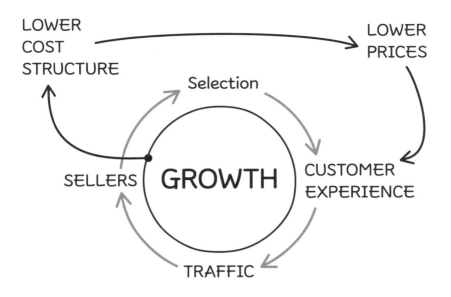

🖥 네 번째 형태, '이야기'

네 번째 형태인 '이야기'는 어떤 의미에서 말과 그림과 도식을 모두 합친 형태라고도 할 수 있다. 유명한 사례로는 일본의 수프 전문점 '수프스톡도쿄'의 "수프가 있는 하루"가 있다. 창업자 도야마 마사미치는 회사의 신규 사업으로 수프스톡을 제안했는데, 경영진을 비롯한 관계자들을 설득하기 위해 '이야기 형식의 기획서'를 만들었다.

"수프가 있는 하루"라는 제목의 기획서는 수프스톡이라는 브랜드가 이미 존재하는 세상의 이야기로 브랜드의 입지와 메뉴, 고객의 평판부터 사업 모델의 분석까지 구체적으로 담겨 있었다. 그리고 수프스톡을 의인화한 '아키노 쓰유'라는 가상의 여성도 만들었다. 메뉴는 그녀가 좋아하는 것이고 인테리어는 그녀의 성격을 나타낸 모습이며 손님들은 그녀에게 이끌려 모여든 사람이라고 상상하도록 만들었다. 도야마 마사미치는 한 편의 이야기로 이루어진 기획서를 통해 논리만으로는 엄두도 낼 수 없는 의사 통일을 이루는 데 성공했다.

이야기로 표현하는 컨셉은 이런 사례 외에도 동영상이나 긴 글(기업 소개 글이나 슬로건 등)에 담아내기도 한다.

이야기 형태는 정보가 풍부하고 입체적일 뿐만 아니라 **감성을 함께 전할 수 있다는 점이 가장 큰 특징**이다. '감성적인' 컨셉의 형태라고도 할 수 있으며, 컨셉을 '이해하는' 것을 넘어서 공감과 호감으로까지 발전할 수 있다. 논리적인 판단만으로는 지지를 얻기 힘든 야심만만하고 불확실성이 높은 컨셉일수록 프로젝트 초기부터 논리를 뛰어넘는 매력을 어필할 필요가 있다. 그럴 때 감성은 많은 사람의 지지를 얻는 데 도움이 되는 효과적인 방법이다.

▜ 다섯 번째 형태, '표본'

다섯 번째 형태는 '표본'이다. 다시 말해 샘플을 만들어 보여주는 방법이다. 예를 들어 모터쇼에 각 브랜드가 출품하는 '컨셉 카'도 비용과 공정을 한껏 들인 표본으로 컨셉을 보여주는 것이라고 말할 수 있다.

표본은 말이나 슬라이드로는 전해지지 않는 부분까지 실체로 보여주므로 설득력은 가장 강할지도 모른다.

해보기 전까지는 모른다는 잘못된 결말로 빠지기 전에 직접 보여주는 것이다. "밖으로 나가고 싶어지는 스마트폰 게임"처럼 사회의 고정관념과 완전히 반대되는 제안일수록 컨셉을 이해하기 어렵고 리스크도 크게 느껴지기 때문에 반대 의견이 많을 수밖에 없다. 이처럼 평범한 상식으로부터 대담하게 각도를 벌린 컨셉을 선보일 때는 표본을 만들어 제시하는 방법이 효과적이다.

■ 가장 좋은 형태를 선택하려면

지금까지 컨셉에 어떤 형태가 있는지 알아보았다. 이번에는 각 형태의 특징을 서로 비교해보자.

컨셉의 '형태'

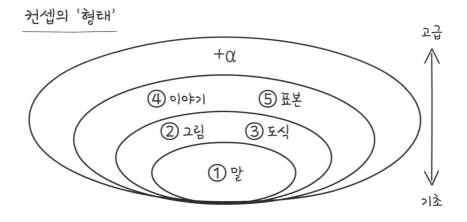

중심에 있는 '①말'은 펜과 종이만 있으면 가능한 방법이므로 비용이 가장 적게 든다. 그리고 바깥으로 나갈수록 기획자 본인이 다양한 기술을 가지고 있거나 다른 사람의 힘을 빌리지 않으면 만들기가 어려워진다. 결국 컨셉의 형태를 결정짓기 전에 동료를 설득해야 한다는 뜻이다.

현실적으로는 '①말', '②그림', '③도식'으로 컨셉 디자인을 시작해서 동료를 늘린 다음 더 많은 사람의 합의를 얻을 수 있도록 '④이야기'와 '⑤표본'의 형태를 검토하고 제작하는 경우가 많다. 그러므로 컨셉을 만들 때는 우선 ①, ②, ③ 가운데 '자신이 잘하는 일', '다른 사람이 이해하기 쉬운 형태'를 기준으로 선택하는 것이 좋다.

한편으로 지금은 생성형 AI 기술을 비롯해 뛰어난 성능을 지닌 다양한 도구를 누구나 쉽게 사용할 수 있다. 3D 프린터 덕에 실체를 만드는 일도 전보다 훨씬 쉬워졌으며 다양한 기술을 가진 사람을 모집하는 도구도 발달했다. 개인이 도달할 수 있는 컨셉의 형태는 앞으로도 점점 더 많아질 것이다. 반대로 언어를 우선으로 생각하지 않는 것이 아무도 상상하지 못한 컨셉에 도달하는 지름길이 될지도 모른다.

다만 '컨셉은 어디까지나 기획의 다양한 변수를 결정짓는 존재여야 한다'는 점에 주의해야 한다. 예를 들어 "이번에는 컨셉을 향기로 표현해봐야지"라고 마음먹는다면 어떨까. 물론 참신한 아이디어가 탄생할 듯한 멋진 방법이지만, '컨셉 그 자체'라기보다는 '컨셉을 구현한 세계관의 상징'에 가깝다.

판단 기준은 '그 컨셉으로 지금까지와 다른 척도로 의사 결정을 할 수 있는가'이다. "이 향기가 이번 컨셉이니 다들 잘 파악하고 따라와주세요."

과연 이렇게 말해도 다른 동료들이 이해할 수 있을까? 너무 추상적이거나 의사 결정의 기준으로 삼기에 지나치게 예술적인 방법으로 컨셉을 정의하는 방식은 추천하지 않는다.

또한 **컨셉은 되도록 두 가지 이상의 형태로 표현해 함께 제시하는 것이 바람직하다.** 컨셉이 영향을 미치는 상대, 즉 '우리'를 구성하는 사람들도 각자의 방식으로 사물과 상황을 인식하기 때문이다. 어떤 사람은 말을 통해 생각하지만, 어떤 사람은 그림을 봤을 때 한결 쉽게 이해하고, 또 어떤 사람은 도식을 통해 논리적으로 정의하지 않으면 이해하려 하지 않는다. 이런 일은 실제로 어떤 팀에서든 일어날 수 있다.

그러니 실제로 컨셉을 사용하는 사람들을 떠올리며 논리적인지 감성적인지, 어떤 식으로 상황을 인식하는지 생각해보자. 사람마다 제각각이더라도 여러 종류를 합쳐서 컨셉의 형태를 만들면 개개인의 차이를 뛰어넘어 합의를 이끌어낼 가능성이 훨씬 높아진다. '말+그 밖의 한 종류'를 컨셉의 기본적인 형태로 의식하기만 해도 뜻을 한결 정확하게 전달할 수 있다.

컨셉과 비슷하지만 다른 것

■ '컨셉'이 붙는 단어들

이번에는 컨셉과 '비슷하지만 다른 개념'을 정리해보자. 사람들이 보통 '컨셉'이라 부르는 것들 중에는 사실 컨셉이 아닌 개념이 많이 섞여 있기 때문이다. 컨셉의 '이웃'에는 무엇이 있는지 정리하며 컨셉과의 차이를 명확하게 파악하다 보면 컨셉의 윤곽이 조금 더 또렷해질 것이다.

먼저 '컨셉'이 붙는 단어들을 살펴보자.

컨셉 카: 자동차 브랜드가 훗날 발매할 가능성이 있는 차의 디자인이나 기술적인 아이디어를 보여주기 위해 시험 제작한 차.

컨셉 모델: 제품이나 건축물 등의 설계를 나타내는 모형으로 디자인과 구조 등 기본적인 아이디어를 표현하기 위해 사용한다.

컨셉 아트: 게임, 영화, 애니메이션 등의 세계관과 캐릭터 디자인 등을 보여주기 위한 그림.

컨셉 스토어: 상품을 판매하는 점포 가운데 특정한 주제나 컨셉에 따라 매장을 장식하거나 색다른 방식으로 판매를 하는 점포.

컨셉 무비: 영화나 애니메이션을 기획하는 단계에서 스토리와 캐릭터의 설정을

보여주는 영상.

컨셉 단계: 제품 개발의 초기 단계에서 제품의 기본적인 아이디어를 명확하게 하고 설계의 방향성을 결정하는 단계.

컨셉 맵: 아이디어나 개념을 도식화한 것으로, 관련된 개념을 서로 연결해 문제 해결이나 아이디어 발전에 도움이 된다.

앞서 살펴본 컨셉의 다섯 가지 형태와 겹치는 부분도 포함해서 제법 종류가 다양한데, 한 가지 공통점은 '실제로 세상에 내놓는 상품이나 서비스 또는 활동과는 다르다'는 점이다. 제작 과정에서 의견을 한데 모으기 위해서 만들거나 비용 구조가 지금 이대로는 판매에 적합하지 않은 경우, 혹은 예고편처럼 공개해서 기대를 모으거나 자금을 조달하기 위해서 만드는 등 상황도 다양하다.

이들을 '컨셉'으로 보는 한편, '컨셉과 자주 혼동되는 것'에는 무엇이 있을까?

▪️ 카피는 컨셉을 전하는 수단

가장 많이 혼동하는 것이 '카피'다. 말이라는 형태로 대상을 명료하게 전달한다는 점은 동일하기 때문이다. 그렇다면 카피와 컨셉의 차이는 무엇일까? 이 내용도 카피라이터 아베 고타로와의 대화에서 인용했다. 카피와 컨셉의 관계는 다음과 같다.

- 일반적으로 컨셉 없이는 카피를 쓸 수 없다.
- 컨셉은 'What to say(무슨 말을 할 것인가)'이며 카피는 'How to say(그것을 어떻게 표현

할 것인가'이기 때문이다.

- 말하자면 컨셉은 알맹이이고 카피는 알맹이를 감싸는 포장지와 같은 것이다.

컨셉에는 먼저 살펴본 '5+1'가지 효과가 있다면, 카피는 문구를 본 사람을 '돌아보게 하고' '마음을 뒤흔들고' '깊은 인상을 남기는' 효과에 비중을 두었다고 할 수 있다.

컨셉은 '보통 세상에 드러나지 않지만', 카피는 '세상에 드러나지 않으면 의미가 없다'는 점에서도 이 둘의 차이점을 느낄 수 있다. 물론 알맹이인 컨셉을 안에 담은 채 어떻게 사람들의 이목을 끌고 흥미를 유발하는 말로 승화하느냐는 의미에서는 컨셉이 가리키는 가치도 포함하고 있는 셈이니, 완전히 상관없는 말이 되면 올바른 카피가 아니다. 하지만 역시 어떻게 하면 많은 사람이 주목하게 할수 있을지에 비중을 두었다는 점은 분명히 다르다.

다만 컨셉은 세상에 전혀 드러나지 않는 것인가 하면, 최근에는 컨셉을 언론 공개 자료에 공표하거나 겉으로 드러내는 사례도 늘고 있다. 컨셉은 결코 '꼭꼭 감추어야 하는 것'은 아니라는 이야기다. 지금은 만드는 사람과 쓰는 사람의 구분이 모호해진 시대이므로 컨셉도 만드는 사람뿐만 아니라 여러 사람에게 공유하게 된 듯 보인다. 커뮤니타나 팬 마케팅, 크라우드 펀딩 등과 같이 어느 쪽이 '우리'이고 어느 쪽이 '상대'인지 경계가 흐릿해지며 공동 창조의 시대가 열리는 중이라고도 할 수 있다. 제품의 이면에 관한 이야기나 제작 비화를 접한 뒤 브랜드나 상품을 더 좋아하게 된 경험은 누구나 한 번쯤 있을 것이다.

이처럼 매력적인 컨셉은 공개하는 타이밍과 상황을 통해 끌어들이는 힘을 한층 크게 키울 수 있다.

'도쿄워크디자인위크(TWDW)' 등 다양한 프로젝트를 맡은 프로듀서이자 나의 친구이기도 한 요코이시 다카시는 더 많은 사람을 끌어들이기 위해서도 "컨셉은 겉으로 드러내는 것이 좋다"라고 말했다.

TWDW를 처음 시작했을 때 그가 주변에 알린 컨셉은 "일을 주제로 한 록 페스티벌"이었다. 그리고 그가 맡은 '시부야 ○○서점'이라는 또 다른 프로젝트의 컨셉은 "편애 이코노미"였다. 각자가 특히 편애하는 대상을 가져와 서로 공유한다는 발상을 바탕으로 사람들이 각각 책장의 주인이 되어 남다른 애정으로 가득한 책장을 만든다는 기획이다. 나도 이 컨셉에 끌려 프로젝트에 참여했다.

컨셉은 겉으로 드러나지 않으니 매력적인 표현이 아니어도 괜찮다고 여기지 않고, 요코이시 다카시의 생각처럼 컨셉의 단계에서부터 단어를 고르는 방식은 앞으로 점점 더 주류가 될지도 모른다. 바꿔 말하자면 '컨셉이 그대로 카피로 활용된다'고도 할 수 있다.

크리에이티브 디렉터 묘엔 스구루가 하는 일도 이와 비슷하다. "쟈나이 커피"('커피가 아니야'라는 뜻으로, 카페 속에 와인 바를 감춘 컨셉이 특징이다-옮긴이), "친구가 하는 카페"처럼 컨셉이 곧 브랜드의 이름인 경우가 많다. 컨셉이 지나치게 강렬할 때는 카피나 이름을 따로 고민하기보다는 그대로 전달하는 편이 빠르고 효과적이기도 하다. '상품명 = 카피 = 컨셉' 같은 설정도 불가능하기는커녕 정보로 넘쳐나는 일상을 살아가는 우리에게는 빠르게 정보를 전달할 수 있는 유리한 방법일지도 모른다.

다만 '컨셉이 그대로 카피가 되기도' 하지만, '일반적으로 갑자기 떠오른 카피가 그대로 컨셉이 되는 일은 없다'는 점에 명심해야 한다. 유루 스포츠라는 컨셉을 만든 세계유루스포츠협회의 대표이자 카피라이터인 사와다 도모히로도 이런 말을 했다.

"지금 세상에는 선전 문구보다 중심 개념, 즉 컨셉이 먼저 필요합니다."

컨셉과 직결된 카피라는 영역은 앞으로 점점 더 넓어질지도 모른다.

이처럼 사례는 무척 다양하지만, 컨셉과 카피의 관계는 기본적으로 **'컨셉을 전하는 수단 중 하나가 카피'**라고 기억해두자.

🔖 아이디어는 컨셉을 구현하기 위한 발상

'아이디어'와 컨셉의 차이는 나의 친구이자 장난감 크리에이터인 다카하시 신페이의 말에서 명쾌한 답을 찾을 수 있다.

"컨셉에 '이를테면'을 붙인 것이 아이디어고, 여러 아이디어를 '요컨대'로 간추린 것이 컨셉입니다. 저는 보통 떠오르는 아이디어를 몽땅 모은 다음 '요컨대'로 정리하기 때문에 컨셉이 나중에 나올 때가 많아요. 아이디어가 먼저인지 컨셉이 먼저인지는 자신에게 맞는 순서가 있을 테고 자신에게 적합한 방법으로 생각해야 더 좋은 아이디어와 컨셉을 만들 수 있겠죠."

아이디어가 앞에서 다룬 '행동(A)'에 해당한다면 컨셉과는 엄연히 다르다는 것을 알 수 있다. 지휘자가 컨셉이라면 지휘에 따라 실제로 소리를 내기 위한 연주법이 바로 아이디어다.

기본적인 관계는 **'컨셉을 구현하는 가설이 곧 아이디어'**라고 기억해두면 된다.

🔖 톤앤매너는 컨셉을 구체화할 때 필요한 방침

'톤앤매너'란 정확히는 '톤 앤드 매너(Tone and Manner)'라는 말로, 문장이나 디자인 등의 표현에 일관성과 통일성을 주기 위한 규칙을 가리킨다. 예를 들면 "이번 이벤트는 록 페스티벌처럼 만들자!" 같은 말이 여기에 해당되는데, 종종 컨셉과 혼동된다.

"중심 색상은 빨강이 좋을까, 파랑이 좋을까?"

이처럼 모든 부분을 컨셉만으로 결정할 수는 없으니 톤앤매너는 컨셉 이외의 변수도 가미해서 정의해야 한다. 따라서 톤앤매너와 컨셉의 관계도, 카피나 아이디어처럼 **'컨셉을 구체화할 때 필요한 방침 중 하나가 톤앤매너'**라고 알아두면 충분하다.

🗂 네이밍은 컨셉의 대상을 가리키는 이름

'네이밍'은 카피에 관한 이야기에서 다루었듯이 'What과 How의 차이'로 설명할 수 있다. 네이밍은 카피에 비해 컨셉과 조금 더 거리를 두고 가능성을 모색해야 한다. 왜냐하면 네이밍은 '이것은 무엇이고 어떤 뜻과 가치가 있는가?' 하는 설명만으로 정해지는 것이 아니기 때문이다.

왠지 발음이 귀엽다든지, 기억하기 쉽다든지, 독특해서 그 분야에서 적절히 눈에 띈다든지……. 네이밍에는 '좋은 인상을 주어서 기억에 남는다'는 컨셉과 명백히 다른 효과가 필요하다. 극단적으로 말하면 뜻이 뭔지 설명하지 못해도 괜찮다. 성능이 아주 뛰어나거나 "친구가 하는 카페"처럼 완전히 새로운 종류여서 뜻만 표현해도 좋은 네이밍인 경우를 제외하면, 일단 컨셉과 별개로 생각하는 편이 좋다. 한마디로 **'네이밍은 컨셉이 규정하는 구체적인 대상을 부르는 이름'**이라고 보면 된다.

◧ 트렌드 키워드는 컨셉을 둘러싼 객관적인 사실

'Y2K', '저출산·고령화', '집콕 소비'처럼 특정 시기의 사회 현상에 이름을 붙이는 것도 컨셉과 개념이 다소 비슷하지만, 결정적인 차이는 '적극적인 의지의 유무'다. 사회 현상을 가리키는 말들은 이름을 붙인 사람의 의지나 주인 의식은 없을수록 좋다. 그만큼 객관성이 중요한 개념이기 때문이다.

반면 컨셉은 기획에 대한 적극적인 자세가 짙게 반영되고 미래에 대한 강한 의지가 담겨 있어야 한다. 이 둘은 객관과 주관, 우리(기획자)의 외부에 있느냐 내부에 있느냐 하는 차이로 나뉜다. 이를테면 저출산 및 고령화라는 사회 현상을 바탕으로 우리의 기획 컨셉을 정하듯이 말이다.

물론 "과제 선진국" 같은 사회 운동의 컨셉처럼 범위가 넓고 제안한 사람의 비전이 담겨 있는 컨셉도 있으니 언뜻 보면 사회 현상과 구별하기 어려운 경우도 적지 않다. 하지만 "이런 관점을 가지고 해나갑시다!" 하는 세상을 향한 제안이라고 볼 수 있으니 역시 '컨셉'이 옳다. 사회 현상의 명칭과 관련해서는 **'컨셉을 둘러싼 객관적인 사실을 개념으로 정의한 것이 트렌드 키워드'**라고 기억해두자.

제3장의 내용 요약

커셉 구문

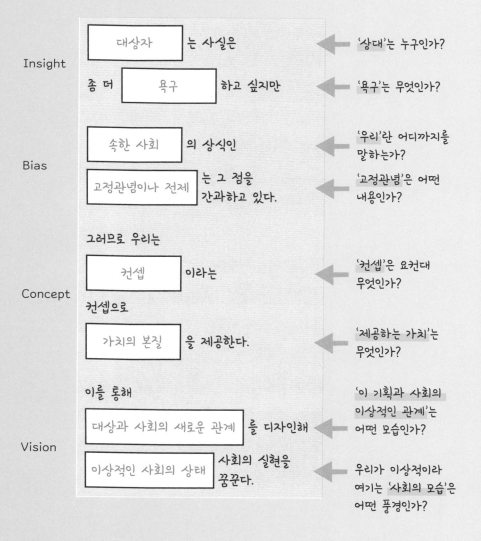

Insight

대상자 는 사실은 ← '상대'는 누구인가?

좀 더 욕구 하고 싶지만 ← '욕구'는 무엇인가?

Bias

속한 사회 의 상식인 ← '우리'란 어디까지를 말하는가?

고정관념이나 전제 는 그 점을 간과하고 있다. ← '고정관념'은 어떤 내용인가?

그러므로 우리는

Concept

커셉 이라는 ← '커셉'은 요컨대 무엇인가?

커셉으로

가치의 본질 을 제공한다. ← '제공하는 가치'는 무엇인가?

이를 통해

Vision

대상과 사회의 새로운 관계 를 디자인해 ← '이 기획과 사회의 이상적인 관계'는 어떤 모습인가?

이상적인 사회의 상태 사회의 실현을 꿈꾼다. ← 우리가 이상적이라 여기는 '사회의 모습'은 어떤 풍경인가?

BIV-C 모델

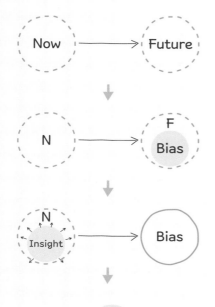

인간은 자연히 '지금의 인식'을 바탕으로 현실을 파악하고 앞으로도 그러한 인식이 유지되리라는 전제로 생각한다.

하지만 우리가 예측하는 미래에는 '선입견 (B)'이 포함되어 있음을 깨닫지 못한다.

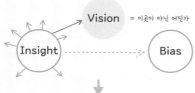

선입견(B) 탓에 사회도 본인도 알아차리지 못한 '이곳이 아닌 어딘가'를 향한 '욕구 = 인사이트(I)'가 제각각 다른 각도로 뻗어 있다.

컨셉(C)을 구상하는 '우리'가 이런 미래가 왔으면 좋겠다고 '꿈꾸는 이상 = 비전(V)'과 인사이트(I)가 서로 호응할 가능성을 찾는 다면……

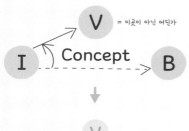

'지금 이대로의 현실 = B'에 대한 의문을 바탕으로 '이곳이 아닌 어딘가 = I → V'를 찾아냈을 때 그곳으로 나아갈 나침반이 되 는 각도가 곧 'C = 컨셉'이다.

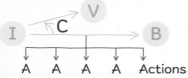

컨셉(C)에 의해 방향이 정해진 '새로운 인식 → 척도 → 결정'을 바탕으로 '실제로 어떤 행동을 할 것인가 = Action'을 결정하고 실 행함으로써 '이곳이 아닌 어딘가'가 구체적으 로 어떤 미래인지 모양이 잡히기 시작한다.

- 컨셉(C)은 선입견(B), 인사이트(I), 비전(V)이라는 세 가지 원소로 구성되며 이를 '컨셉 구문'으로 정리할 수 있다.

- 컨셉이란 기존의 상식이 간과한(B), 사람들이 아직 자각하지도 충족하지도 못한 욕구를 채워(I) 이상적인 사회에 지금보다 가까이 다가가기 위한(V) 제안의 방향성(C)이다.

- 선입견(B)이란 사회나 업계가 지닌 고정관념이나 전제로, 컨셉이 '우리가 가진 기존의 상식과 어떻게 다른지' 정의하는 데 필요하다. 단, 선입견만으로 컨셉을 구상하면 '단순한 역투자'가 되어버린다.

- 인사이트(I)란 본인도 알아차리지 못한 욕구를 뜻하며 컨셉이 기획을 통해 '상대의 어떤 욕구를 충족하는지' 정의하기 위해 반드시 필요한 요소다. 단, 인사이트만으로 컨셉을 구상하면 '우리가 그 일을 해야 하는 이유'가 희미해진다.

- 비전(V)이란 기획이 내다보는 이상적인 사회의 모습을 가리키며, 컨셉이 '어떤 사회를 이상으로 여기는지' 정의하는 데 필요한 요소다. 단, 비전만으로 컨셉을 구상하면 생각이 '헛바퀴'를 돌 우려가 높아진다.

- '사실은 이것을 원하지만 세상의 고정관념 탓에 알아차리지 못했다'는 선입견과 인사이트 사이의 딜레마야말로 컨셉의 출발점이다.

- 훌륭한 컨셉은 '기획자의 고정관념을 뛰어넘어' '상대가 아직 알아차리지 못한 욕구를 새로운 방법으로 충족하고' '결국 지금보다 좋은 사회의 실현에 조금이나마 다가가기' 위한 제안이다. 다시 말해 현재 상황의 연장선과 기획이 바라는 이상적인 사회를 가리키는 선의 '각도'를 정의한 내용이다.

- 컨셉은 기본적으로 세상에 드러나지 않는다. 다만 더 좋은 기획을 위해 '말'뿐만 아니라 '그림', '도식', '이야기', '표본' 등 다양한 형태를 활용할 수 있다.

- 컨셉에는 카피, 아이디어, 톤앤매너, 네이밍, 트렌드 키워드 등 비슷한 개념이 많지만, 뜻은 모두 다르므로 정확히 구분해서 사용해야 한다.

제 4 장

컨셉은 어떻게
선정하는가

컨셉 고르는 법

가장 개인적인 것이 가장 창의적인 것이다.

- 마틴 찰스 스코세이지

이제 드디어
컨셉을 직접 정해볼 차례다.

지금까지 이 책에서 살펴본 컨셉의 의의, 효과, 구조를
일단 머릿속 한구석에 넣어둔 채
순수한 호기심을 가지고
사람을 생각하고, 생각하고 또 생각해보자.

컨셉을 선정하는 과정은
'이곳이 아닌 어딘가'를
어떤 형태로 정의할 수 있을지,
자신이 첫 번째 발견자가 될 수 있을지 알아보는
스릴 넘치고 가슴 설레는 체험이다.

과연 이게 맞을까?
이상하지는 않을까?
비효율적이고 잘못된 방식은 아닐까?

이런 두렵고 걱정스러운 감정은 잊고
"이 컨셉 대단하지 않아?" 하며 의기양양한 표정을 짓는
미래의 자신을 상상하며 마음껏 즐겨보자.

컨셉 구문을 써보자

▚ '만드는' 게 아니라 '골라내는' 느낌으로

이제 드디어 컨셉을 직접 골라내는 단계까지 왔다. 여기서 "골라낸다"라는 표현에 주목하자. 내 나름의 의도가 있어서 '만든다'가 아니라 '골라낸다'라는 표현을 썼는데, 구체적인 방법으로 들어가기 전에 왜 그런 표현을 선택했는지 살펴보도록 하자.

전설적인 조각가 미켈란젤로는 이런 말을 남겼다.

"모든 돌덩어리 안에는 조각상이 숨어 있다. 그리고 그것을 발견하는 것이 조각가의 임무다."

즉, 자신은 조각을 '만드는' 것이 아니라 돌덩어리 '안에 묻혀 있는 것을 파내는 것뿐'이라는 이야기다. 지금까지 선입견(B), 인사이트(I), 비전(V)을 깊이 들여다본 사람이라면, 컨셉 또한 조각과 다름없이 '만들어낸다'는 느낌보다는 '그곳에 존재하는 것을 어떻게 새롭고 알기 쉽게 드러낼 것인가'라는 이미지가 더 가깝게 느껴질 것이다. 앞서 '컨셉은 각도'라고 이야기했는데, 각도란 혼자서 존재하는 것이 아니라 B·I·V에 의해 만들어진다.

컨셉의 어원은 'conceive'라는 단어로 '아이를 갖다', '품다'라는 뜻이다. 분해하면 'con(함께) + cept(취하다, 오려내다)'라는 뜻이기도 하다. **말 그대로 지금껏 아무도 그런 모양으로 떼어내 생각한 적 없는 개념을 하나의 덩어리로 잘라내는 것이 컨셉을 골라내는 느낌과 비슷하다고 할 수 있다.**

이제 '골라내는 감각'을 중요하게 여기면서 지금까지 살펴본 기본적인 부분들을 토대로 직접 구문을 적어볼 차례다. 우선 다른 전제 몇 가지를 짚어보자.

- 여기에서 소개하는 모든 방법을 '전부 다 해야만' 컨셉이 나오는 것은 아니다. 첫 번째 방법을 시험하다가 불현듯 나타날 수도 있고 몇 가지를 더 시험해봐도 잘 나오지 않을 때도 있다.
- 정해진 순서를 따르는 것이 무조건 옳다기보다는 이리저리 시행착오를 거친 끝에 갑자기 답이 나타나는 법이니 머리 아프게 생각하지 말고 과정을 즐기자.
- '하나하나 완벽하고 꼼꼼하게 순서대로'가 아니라 '빠르게 시행착오를 거듭하며' '여러 답을 내놓고 계속해서 갱신하는' 자세로 임하자.
- 그리고 컨셉의 대상과 환경에 의해 컨셉을 골라내는 난이도와 과정도 매일 달라진다. 컨셉을 둘러싼 변수가 몹시 많고 복잡하기 때문이다.
- 이것저것 흉내 내고 다른 방법을 시도하면서 스스로 응용하고 발전시켜보자.

▉ 정답은 없다, 남은 건 시행착오뿐

머릿속에서만 주물럭거리지 말고 직접 써보고 세상을 둘러보고 오감을 활용하며 시행착오를 거듭해보자. 1장에서도 말했듯이 솔루션 메이킹이 아니라 센스

메이킹이니 자신의 감각과 감성을 한껏 활용해야 한다. 해답은 앞으로 여러분이 눈앞에 가져다 놓을 무언가이니 여기서부터는 실제로 컨셉이 필요한 주제 하나를 설정해두고 직접 생각하며 읽어나가기를 강력하게 추천한다.

그러면 이제 '기본적인 사고법'과 '구체적인 힌트' 몇 가지를 선입견(B), 인사이트(I), 비전(V)의 세 가지 관점으로 소개하겠다. 그중 참고가 될 듯한 부분만 '골라서 섭취해도' 좋다. 여러 방법을 다양하게 시도해본 다음 알맞은 방법이 있다면 그대로 따라 하거나 응용해서 발전시키면 된다. 머리를 굴리는 작업이라기보다는 운동 신경 같은 이미지를 떠올리며 자신의 '감각으로 포착해보자'.

그럼 바로 기획 한 가지를 정한 다음 갑자기 생각난 내용이어도 좋으니 컨셉을 하나 적어보자. 그 글을 '앞으로 조금씩 고쳐나갈 샘플'처럼 생각하고 읽으면 좀 더 쉽게 이해할 수 있을 것이다.

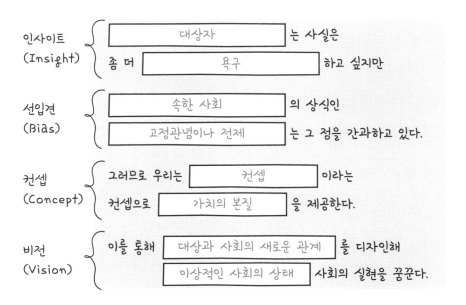

선입견을 꿰뚫어 보는 방법

■ '누구에게' '어떠한 선입견이 있는가'

먼저 컨셉 구문의 두 번째 단락인 '선입견'부터 파헤쳐보자. 빈칸의 요소는 두 가지로, '어떤 사회의 선입견인가(속한 사회)'와 '어떤 선입견인가(고정관념이나 전제)'다. 이 두 가지를 각각 어떻게 판단하면 좋을까?

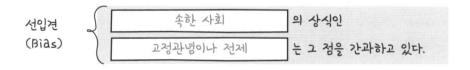

선입견
(Bias) { 속한 사회 의 상식인
고정관념이나 전제 는 그 점을 간과하고 있다.

"선입견에 사로잡히면 안 돼!"

사람들은 이렇게 말하곤 한다. 하지만 그 말 한마디에 정말로 벗어날 수 있다면 그건 선입견이나 고정관념이 아니다. 정말 견고한 선입견은 자신이 사로잡혔다고 조금도 자각하지 못한다. 그러니 고정관념을 스스로 깨트리기란 불가능에 가깝다. **선입견을 스스로 깨려 하기보다는 '선입견을 깨기 위해 외부의 힘을 이용하는 법'을 익혀야 한다.**

■┐ '우리'란 어디부터 어디까지를 가리키는가

첫 번째 빈칸에서는 '어떤 사회의 선입견인가?'를, 즉 선입견의 주어를 가려낸다. 말하자면 "모두 그렇게 생각한다"라는 말에서 '모두'란 누구를 가리키느냐는 뜻이다. 공통된 가치관과 사회적 통념을 공유하는 범위가 어디까지인지 경계선을 밝혀내는 것이다.

예를 들어 "집 안에서는 신발을 벗는다"라는 상식은 한국이나 일본 같은 사회에서는 공통적인 생각이지만, 세계라는 사회에서는 그렇지 않다. '신발을 벗는 집'이라는 컨셉은 한국에서는 전혀 새롭지 않지만, 해외에서는 무척 새로운 컨셉이 될 가능성이 있다.

이처럼 컨셉이 효과적인지 아닌지는 '컨셉으로 뒤흔들고자 하는 선입견이 어디에서부터 어디까지 퍼져 있는가'에 크게 좌우된다. 그러므로 우리 같은 기획자들이 가진 선입견이 사회의 어떤 범위에 걸쳐 번져 있는지 반드시 판단해야만 한다.

■┐ 시야를 넓혀 선입견을 찾는 세 가지 축

예를 들어 새로운 카페의 컨셉을 찾는다고 가정해보자. 이때 생각해야 할 선입견은 '어떤 사회의 인식'일까?

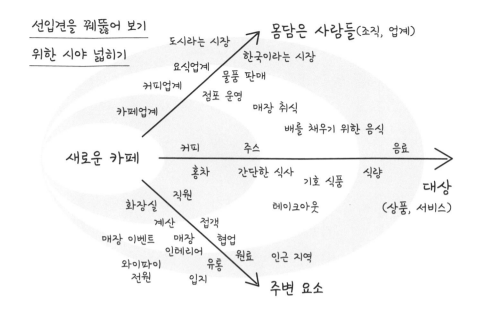

다루는 상품, 서비스, 기업 등 **'컨셉의 대상인 사물'을 첫 번째 축으로 생각한다.**
가장 먼저 떠오를 만한 부분은 '커피라는 음료에 대한 선입견', 즉 주요 상품과
관련된 사람들의 인식이다. 거기서 더 넓히면 **"홍차**는 어떨까?", **"주스**도 괜찮을
지도 몰라", **"간단한 식사**도 제공하고 싶네" 등등 주변의 요소도 떠오른다. 거기
서 좀 더 추상적으로 생각해보면 '**매장 이용**에 관한 선입견'이나 '**테이크아웃**에
관한 선입견' 등 카페라는 대상을 구성하는 형식이나 가치관까지 범위가 넓어진
다. 여기서 더 일반화하면 "사람들이 **음료**에 대해 가지고 있는 선입견은 뭐가 있
을까?"라는 물음까지 넓혀서 생각할 수도 있다.

두 번째 축은 '몸담은 사람들'이다. 카페라면 역시 **'카페업계'**라는 사회가 가장
먼저 떠오른다. 하지만 여기서 멈추지 않고 스트레칭하듯 생각의 폭을 넓혀 탐
색해보자. 카페뿐만 아니라 커피 산업 전체를 포함하는 **'커피업계'**도 생각해보아
야 한다. 나아가 **'점포 운영', '도심'** 같은 비즈니스의 형태와 관련된 선입견도 제법

많을 것이다. **'한국이라는 시장'**, **'젊은 세대를 대상으로 한 시장'**처럼 시장이라는 사회로 나누어서 생각해도 많은 고정관념을 떠올릴 수 있다. 카메라를 최대한 줌아웃하면 **'한국이라는 나라에서 사업하기'**에 관한 고정관념도 분명 눈에 들어올 것이다.

세 번째 축은 '주변 요소'다. 카페는 **'직원의 서비스 방식'**, **'유니폼'**, **'매장 조명'**, **'와이파이와 전원 등 작업 환경'**, **'화장실'**, **'인테리어'**, **'이벤트'** 등 커피라는 상품 이외에도 다양한 주변 요소로 구성된다. 조금 더 시야를 넓히면 '주변 주민과의 교류', '원료 조달', '다른 회사와의 협업' 등도 눈에 들어온다.

이처럼 카페에 관한 선입견이라고 해서 꼭 커피에서 찾아야 한다는 규칙은 없다. 말하자면 컨셉의 대상을 구성하는 '해시태그'를 온갖 방향과 위치로 적어보는 느낌이라고 할까? 그러면 새로운 카페를 구상하는 사람들 중 아무도 '아직 선입견을 찾거나 컨셉을 구상하지 않은 해시태그', 즉 변수를 발견할 가능성이 높아진다. 2장에서 소개한 "친구가 하는 카페"도 다른 카페가 거의 손대지 않은 '직원의 서비스 태도'라는 변수에 대담하게 변화를 준 컨셉이다. 그런 가능성을 포착하려면 우선 '고객에 대한 서비스'라는 사회가 존재한다는 사실을 알아차려야 한다.

▚ '역사적 사고'로 변화를 파악한다

선입견의 범위를 넓힌 다음 '그건 언제부터 그랬는지', '그전에는 달랐는지', '앞으로도 계속 변함없을지' 같은 **시간적 사고를 더하면 더욱 효과적으로 선입견을 꿰뚫어 볼 수 있다.**

'전업주부'라는 말을 예로 들어보자. 일반 가정의 당연한 컨셉이라고 생각하는 사람도 여전히 많겠지만, 이 말이 동양에 처음 들어온 것은 1950년대다. 1920년 영국의 공업화로 남성이 오랜 시간 공장에서 노동을 하고 여성이 가정을 돌보게 되면서 남녀의 역할 분담이 고정된 것이 시초라고 한다. 전쟁이 끝난 후 드라마를 통해 서구 문화가 급속도로 유입되며 한국에서도 유사한 스타일이 자리를 잡기 시작했다. 이런 사실만 알아도 마치 '인간의 보편적인 법칙'처럼 느껴졌던 생활양식이 실제로는 '기껏해야 수십 년밖에 되지 않았다'는 사실을 알 수 있다.

화과자 전문 회사인 토라야도 어떤 지역에 새 매장을 열 때는 우선 고장의 자료관에 가서 음식의 역사를 조사한다고 한다. 지역의 음식과 관련된 사회의 본질은 어디에 있으며 어디에 고정관념을 초월한 새로운 제안을 할 수 있을지 역사 속에서 찾을 수 있기 때문이 아닐까.

B·I·V라는 세 가지 축을 통해 얻은 다양한 요소를 아래와 같은 과거-현재-미래의 시간 축으로 확인해보자.

언제부터 그런 생각이 주류가 되었는가?
그 전에는 어떤 사고방식이 주류였는가? 그 밖에는 어떤 생각이 있었는가?
앞으로 어떤 생각이 주류가 될 것인가?

그러면 생각지도 못한 곳에서 자신의 고정관념을 발견할 수 있을지도 모른다.
그때 중요한 점은 단순한 '팩트 체크'에서 그치지 않고 그때 사람들의 인식은 어땠는지 **'인식의 변천'**에도 주목해야 한다는 점이다.
예를 들어 한국에 커피가 소개된 것은 고종의 아관파천 시기인 1890년대로 거슬러 올라가는데, 이에 대해 **'당시 사람들은 어떻게 인식하고 있었는지'** 생각해보는 것이다. 사회는 어떻게 반응했는지, 신문 기사에는 어떤 내용이 실렸는지, 당시에 쓰인 소설에는 어떤 식으로 등장했는지.

사람들의 인식을 파악하기 위해서는 '당시 사람들이 다른 이에게 어떤 식으로 사실을 전했는지' 조사해보면 어느 정도 알아낼 수 있다. 선입견은 사람의 인식 속에서 일어나는 현상이므로 단순히 객관적인 사실만 조사해서는 알 수 없기 때문이다. 사람들이 그것을 어떻게 보고 느끼고 받아들였는지 조사하고 상상하는 습관을 들이자.

▥ 미래 예측은 '알아맞히기' 위해서가 아니라 '예상을 뒤집기 위해서'다

시간 축에서 맨 마지막에 위치한 '미래'는 조사해서 알아내는 데는 한계가 있다. 훗날 어떻게 될지는 당연히 아무도 모르기 때문이다. 따라서 미래를 내다보려는 시도는 앞으로 어떤 일이 벌어질지 '점치기' 위해서가 아니라 앞서 이야기했듯이 **어떤 예측이 주류인지'를, 즉 미래에 대한 인식의 주류를 파악하기 위해서다.**

나는 '미래 예측' 자체에서는 선입견을 발견할 수 없다고 본다. 왜냐하면 미래에 대한 예측이란 많은 사람이 예상하는 납득할 만한 미래에 불과하기 때문이다. 다시 말해 **'뜻밖의 발견을 위해서'가 아니라 '너무 크게 빗나가고 싶지 않아서 고민한 내용'이라고도 할 수 있다.** 다만 선입견을 꿰뚫어 보고자 하는 이유는 "모두가 오른쪽이라고 믿고 있지만 사실은 왼쪽일 가능성도 있지 않을까?" 하고 의표를 찌르기 위해서다. 그러므로 미래에 대한 예측 자체에서는 선입견을 찾지 못하더라도 **'미래 예측을 토대로 예상을 뒤집어' '또 다른 미래'로 이어지는 선입견은 찾을 수 있을지도 모른다.**

BIV-C 모델로 생각하면 미래 예측이란 '선입견(B)을 지닌 채 나아갔을 때 만나게 될 미래'를 알아두기 위한 일이다. 또한 '그렇지 않은 미래'를 컨셉(C)으로 제시하기 위해 각도를 넓힐 때 기준이 되는 선을 파악하는 과정이라고 정리할 수 있다.

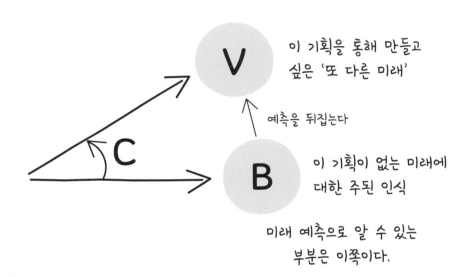

이 기획을 통해 만들고 싶은 '또 다른 미래'

예측을 뒤집는다

이 기획이 없는 미래에 대한 주된 인식

미래 예측으로 알 수 있는 부분은 이쪽이다.

미래 예측에 의존하는 사람 중에는, 마치 만화 「도라에몽」처럼 미래는 이미 정해져 있으니 미래를 내다보면 복권의 당첨 번호를 알 수 있다고 믿는 이가 적지 않다. 그러나 미래에 어떤 일이 일어날지는 아무것도 정해져 있지 않다. 그러므로 지금 사람들이 말하는 미래 예측은 '팩트'가 아니라 '인식'일 뿐이다. 그렇다면 그 인식을 완전히 뒤집는 일도 물론 가능할 것이다.

"미래를 예측하는 가장 좋은 방법은 그것을 발명하는 것이다."

"퍼스널 컴퓨터"라는 컨셉을 만든 앨런 케이가 남긴 명언이다(원래는 물리학자 데니스 가보르가 한 말). 1971년 그가 몸담고 있던 팰로앨토 연구소에서 제록스의 임원들이 미래의 연구 과제와 관련해 여러 차례 우려를 표하자 앨런 케이가 한 대답이라고 한다. 참으로 그다운 말이다. 앨런 케이의 말처럼 예측만으로는 어떤 컨셉도 탄생하지 않지만, 예측을 뒤집으면 컨셉을 찾을 수 있을지도 모른다. 그는 이런 말도 덧붙였다.

"미래는 정해져 있지 않아요. 미래는 우리가 결정하는 것이고, 우주의 법칙을 거스르지 않는 범위에서 얼마든지 원하는 방향으로 이끌 수 있지요."

그러니 복권의 당첨 번호를 엿보려 하지 말고 복권보다 사람들을 더 행복하게 만드는 컨셉을 만들어보자.

■ㄱ 선입견은 '안과 밖의 경계'에서 드러난다

이제 두 번째 빈칸에 '선입견의 내용'을 적어보자. 이미 알아차렸을지도 모르지만, 조금 더 초점을 맞추어야 할 부분 중 하나가 바로 **'안과 밖'의 경계선을 찾는 것**이다.

'역사적 사고'에 관한 내용에서 소개한 사례는 '지금 = 안'과 '과거 = 밖'의 경계선을 찾아 고정관념을 파악하는 방법이었다. 말하자면 시간 축의 경계선인 셈이다. 개념에 그림자로 된 선을 긋는다고 상상해보자. 선은 나 혼자서는 그을 수 없다. '나 자신과 자신이 아닌 것을 가르는 선'이기 때문이다.

자신의 고정관념을 깨달으려면 '다른 사람의 고정관념을 접했을 때 보이는 경계선'을 포착해야 한다는 뜻이다. 앞에서 "고정관념을 스스로 깨트리기란 불가능에 가깝다"라고 말한 이유도 바로 여기에 있다. 자신이 안이든 밖이든 '그렇지 않은 존재'를 상대로 삼지 않으면 경계선을 찾을 수 없기 때문이다.

시간 축 이외의 '안과 밖의 경계선'은 전문가와 아마추어, 현지인과 외국인, 신입사원과 이직자 등과 같이 다양하다. 새로운 가치를 창조하는 사람을 가리킬 때 '외지인, 젊은이, 바보' 같은 말을 쓰기도 하는데, 자신들을 비롯한 '내부'의 고정관념에 그들이 좋은 의미로 거침없이 색다른 생각을 던져주기 때문이다.

내가 젊은 세대를 오랫동안 연구하고 있는 이유도 이 시대의 청년들을 깊이 알기 위해서이기도 하지만, 젊은 세대의 생각을 파악함으로써 '세상의 고정관념을 포착할 계기'를 얻는 것이 가장 큰 동기다.

시야를 넓혀 파악한 다양한 '사회'를 둘러보며 **나는 안쪽에 있는지 바깥쪽에 있는지', '반대쪽에는 어떤 당연한 상식이 널리 퍼져 있는지'**를 꼭 한번 생각해보자. 그리고 만약 자신이 바깥쪽에 있다면 무작정 안쪽을 알아보려 하지 말고 지금 그 상태에서 '그 사회에 어떤 의문이나 위화감이 느껴지는지'를 먼저 메모해두자.

사람은 한번 무언가를 알게 되면 두 번 다시 '그것을 몰랐던 자신'으로 돌아가지 못한다. 무작정 인터넷을 뒤지거나 책을 찾아보기 전에 생각해보자. 지금 어떤 느낌이 드는지, 만약에 컨셉을 생각한다면 어떤 아이디어가 나올지, 먼저 '생각해보기'를 권한다.

전 세계의 훌륭한 논문 중 80%는 그 학문의 전문가가 아닌 학자에게서 탄생했다는 데이터도 있다. 좋은 컨셉을 만드는 데 필요한 태도는 '내부를 완벽하게 파악하는 자세'뿐만 아니라 '안과 밖을 오가며 눈앞에 있는 상식을 초월하는 자세'다.

▛ 선입견을 꿰뚫어 보기 위한 힌트

1. 선입견이 담긴 말을 포착한다

말은 본인도 자각하지 못한 인식 속의 '안과 밖'을 찾는 데 엄청난 힌트가 된다. 내가 늘 안테나를 뻗으며 눈여겨보는 말들을 몇 가지 소개한다.

> "보통은 ○○하지."
>
> "다들 ○○하잖아."
>
> "평소에는 ○○야."
>
> "일반적으로는 ○○지."
>
> "○○해야지."
>
> "○○하지 않으면 안 돼."
>
> "원래 ○○한 거야."
>
> "당연히 ○○지."
>
> "그런 건 ○○가 아니야."
>
> "○○은 불가능해."

어떤가. 이런 말들의 공통점은 발언 속의 개념이나 생각의 '바깥'에 무언가 존재한다는 사실을 잊어버렸다는 점이다. 자신의 말과 다른 경우가 있다고 조금도 생각하지 못하는 것이다. 만약 그런 말이 나온다면 다음과 같이 해보자. 이렇게 하면 자각하지 못했던 '바깥쪽의 사고방식'을 상상할 수 있을지도 모른다.

- 왜 그렇게 생각하는지 자세히 물어본다.

- 그런 표현을 쓴 사람이 대상을 어떻게 인식하고 있으며 어떤 기준으로 좋고 나쁨을 판단하는지 생각한다.
- 일부러 그 사람이 눈살을 찌푸릴 법한 기획을 구상해본다.

소니, AT커니 등 다양한 영역에서 컨셉을 만들어온 선배 기획자 우시쿠보 단 또한 의뢰 고객이 제시한 자료의 내용을 단순히 이해하는 데서 그치지 않고 자료를 만든 담당자가 '과제를 어떻게 받아들이고 있는지', '어떤 생각을 바탕으로 썼는지' 헤아려야 한다고 말했다.

이것은 '의뢰 고객'을 '상사', '설문에 답한 사람', '동료', '업계의 일반론'으로 바꿔도 성립된다. 행동이나 사실뿐만 아니라 배경에 어떤 '인식'이 있는지 읽어내는 것이다. 그러려면 우선 말을 눈여겨보아야 한다. 그러다 선입견이 담긴 말을 포착하거나 위화감을 느끼면 반드시 어딘가에 적어두자. 인간은 금방 내부에 순응하기에 의문을 쉽게 잊어버리기 때문이다. 위화감은 맨 처음 접했을 때 가장 강하게 느껴지기 마련이니 평소부터 의문이나 위화감을 꼼꼼히 모아두자. 선입견을 찾는 훌륭한 단서가 되므로 효율도 높아진다.

2. 일부러 반대 방향에서 살펴본다

시야를 넓히는 과정에서 나오는 단어를 일부러 부정해보는 방법도 안과 밖의 경계선을 찾는 데 도움이 된다.

자동차업계의 이야기라면 '자동차 이외의 업계'
한국인이라면 '한국인이 아닌 사람'
어른이라면 '어른이 아닌 사람'

"모두 이렇게 생각하니까!"라고 말할 때 '모두'를 부인해서 안쪽이 아니라 바깥쪽에 있는 사람의 마음을 강제로 떠올리는 방법이다. 사실 이 사고법은 효율이 최우선인 경우에는 나오기 어렵다. 일시적으로 '상관없는 일'을 생각해야 하는 방식이기 때문이다.

> 자동차를 기획하는데, 자동차가 아닌 다른 것을 생각한다.
> 한국인을 대상으로 한 기획인데, 외국인이 어떻게 느끼는지를 생각한다.
> 성인을 위한 콘텐츠인데, 아이들이 어떻게 느끼는지 생각한다.

가장 빠르고 효율적으로 생각하기를 원하는 사람은 취하기 힘든 사고법이니 마케팅이나 솔루션과 관련된 발상에서는 찾아보기 힘들다. 나도 다양한 비즈니스 현장에서 봐왔지만, 의도적으로 할 줄 아는 사람은 많지 않았다. 관계있는 것, 즉 '안'만 생각하지 않고 상관있는 것과 없는 것의 경계선은 어디인지를 생각하는 것이다. 그런 창조적인 '딴짓'을 어떻게 제한된 시간 안에 의도적으로 하느냐가 선입견을 꿰뚫어 보는 핵심이다. 반대쪽에서 바라보는 사고로 바깥으로도 귀를 기울여보자.

3. 내면에 다양성을 지닌다

홀로 남미를 여행했을 때 빅토르라는 가이드가 볼리비아를 안내해주었다. 공항에서 헤어질 때가 되자 나는 고마운 마음에 별생각 없이 이렇게 말했다.

"다음에는 일본으로 놀러 와요. 내가 안내해줄게요!"

그러자 그는 복잡한 표정으로 "내 수입으로는 일본에 가기가 어려워요"라고 대답했다. 그때 그 장면이 도무지 머릿속에서 사라지지 않는다.

세상에는 자신이 전혀 생각지도 못한 일이 아주 많음을 깨달은 것이다. 이런 충격적인 경험은 고정관념을 자각하는 데도 매우 중요하다. 볼리비아에서 빅토르와 나눈 대화처럼 스스로 밖으로 뛰쳐나가 '다른 인식'을 접하는 것이 생각의 다양성을 낳는다.

사람들은 30대 중반이 넘어가면 그동안 듣지 않았던 새로운 장르의 음악을 찾는 일이 급격히 줄어든다는 데이터도 있다. 자신의 가치관 '안'에서 만족하면 놀랄 필요도 없고 꽝을 뽑아 실망할 일도 없기 때문이다.

따라서 안온함에 자연스레 몸을 맡기기보다는 가끔은 일부러 자기 '밖'으로 뛰쳐나가 다른 상식을 접하고 충격을 받으며 가치관의 다양성을 유지해야 한다. 리쓰메이칸아시아태평양대학교의 데구치 하루아키 학장은 사회인에게 필요한 교양이 '사람, 책, 여행'을 통해 만들어진다고 말했다. 이 또한 자신의 외부로 나가 충격을 받음으로써 선입견을 뒤흔들어야 한다는 이야기가 아닐까.

그렇다고 엄청난 부담감을 가지고 자기 자신에게 맞지 않는 행동을 해야 한다는 뜻은 아니다. 나는 지인의 권유로 갑자기 마라톤 풀코스에 도전하거나 아이가 태어난 뒤 두 번에 걸쳐 육아 휴직을 내는 등, 눈앞에서 일어나는 상황에 적극적으로 뛰어들면서 자신과 다른 사고방식을 접해왔다. 특히 육아는 상상을 훌쩍 뛰어넘을 만큼 어렵고 힘들었다. 아이를 돌보는 동안은 그간 열심히 읽던 책도 읽지 못하고 영화관에 갈 엄두도 내지 못했다.

그간 얻던 정보들을 더 이상 얻지 못하자 한때는 초조함을 느끼기도 했지만, 대신 레고랜드에도 키자니아에도 갈 수 있게 되었다. 외출했을 때 장난치는 아이를 달래며 기저귀를 가는 어려움도, 지금껏 수백 번은 더 이용했던 역 안의 휠체어 및 유모차용 통로가 몹시 복잡하다는 사실도 아이를 키우지 않았다면 알지 못했을 것이다. 육아는 한마디로 '나에게 새로운 인식'이자 새로운 환경을 안겨주는 경험이었다.

내가 나 자신에게 자기도 모르게 주입하고 있었던 **'자신과 사회의 관계'에 대한 고정관념을 새로운 상황에 휘말리며 반강제로 뒤흔드는 경험.** 이것은 선입견을 발견하는 중요한 포인트다.

모두가 '읽고' '알고' '보는' 것을 자신만 모른다는 초조함은 많든 적든 누구나 느끼기 마련이다. 그러나 한쪽만 바라보지 말고 자신의 인생과 경험에서만 얻을 수 있는 인식을 소중히 여겨야 한다. 그때 느낀 의문을 잊지 않고 기억해야 한다. 그렇게 자기 내면의 다양성을 인식하는 것도 선입견을 꿰뚫어 보는 힌트가 된다.

그럼 이제 선입견으로 의심되는 몇 가지 가설을 세운 상태로 다음 단계인 인사이트로 넘어가보자. 선입견(B)과 인사이트(I)는 짝을 이루었을 때 비로소 돌파구가 나타나므로 하나만 가지고는 평가하거나 선정하기가 어렵기 때문이다. 각각의 선입견 너머에 '간과했던 사람들의 숨겨진 욕구'가 어떤 모습으로 자리하고 있는지 생각해보자.

선입견을 꿰뚫어 보는 방법

1. '우리'가 누구인지 파악하는 방법
• 사회의 범위를 넓힌다
• 시간 축으로 생각한다
2. '선입견'을 간파하는 방법
• '안과 밖'의 경계선을 찾는다
• '무지'의 힘을 활용한다

힌트
① 선입견이 담긴 말을 포착한다.
② 일부러 반대 방향에서 살펴본다.
③ 내면에 다양성을 지닌다.

역발상의 기점이 되는 선입견을 포착한다.

인사이트를 찾는 방법

🗂 상대의 진정한 욕구는 무엇인가

다음으로 컨셉 구문의 첫 번째 단락인 '인사이트'를 찾으러 가자. 빈칸을 채우는 요소는 '인사이트의 주인은 누구인가'와 '인사이트는 무엇인가'이다. 이 두 가지를 어떻게 찾으면 좋을까?

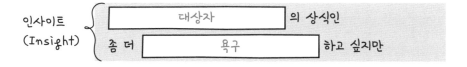

요소는 두 가지다. '이 기획은 누구를 위한 기획인가(상대)'와 '대상이 가지고 있는 숨은 욕구는 무엇인가(욕구)'. 각각을 어떻게 가려내느냐가 문제인데, 우선 단순하게 자신이 생각하는 기획이 '누구의 어떤 욕구에 답하는 기획'인지 얼추 글로 적어보고서 다음으로 넘어가자.

▣ 이 기획은 누구를 위한 기획인가

첫 번째 빈칸은 '상대는 누구인가?' 하는 인사이트의 주어를 뜻한다. 일반적으로 마케팅에서 사용하는 '타깃'이라는 말을 들으면 "20대 여성" 같은 말이 떠오르는데, 이런 인구통계학적 관점에서 그치지 않고 개념을 넓혀야 한다. 그러면 표면적인 시각으로는 포착할 수 없는 인사이트의 '단서'를 찾을 수 있다.

▣ 시야를 넓혀 인사이트를 찾는 세 가지 축

선입견을 찾을 때처럼 인사이트를 모색하는 해시태그들을 세 가지 축으로 차근차근 넓히면 된다. 단 "20대 여성뿐만 아니라 20대 남성도 포함해서 생각해야지!" 같은 말처럼 대상 그 자체를 늘린다는 것이 아니다. 지금 설정해둔 대상의 종류를 늘리는 것이 아니라 '그 사람을 보는 시각'을 다각적으로 만드는 방식이다.

20대 여성은 '아이돌의 열광적인 팬'일 수도 있고 '지역 축제의 실행 위원'일 수도 있으며 '올해의 신입사원 교육 때문에 고민하는 사수'일지도 모른다. 하나의 인물 안에서 다양한 시각을 찾아내면 특정 상품이나 서비스를 접하는 순간에만 갇혀 있던 시야를 넓힐 수 있다.

계속해서 "새로운 카페의 컨셉"을 예로 들어보자. 일단 기획의 상대를 '커피를 좋아하는 사람'이라고 설정하고 '그 사람의 인사이트는 무엇인가'를 생각하며 차근차근 읽어보자. 먼저 "지금 그 사람이 커피에 관해 가지고 있는 인사이트는 무엇인가?"라는 의문이 떠오를 것이다. 여기서 시야를 넓혀 그 밖의 인사이트를 생각해낸다면 어떻게 될까?

인사이트를 발견하기
위한 시야 넓히기

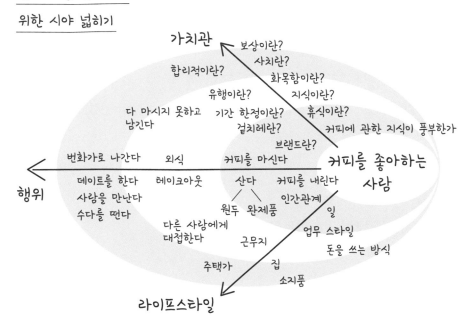

먼저 당신이 맡은 기획에서 **대상이 하는 일련의 '행위'를 축으로 시야를 넓혀본 다.** 커피를 '마시는' 순간뿐만 아니라 '산다', '가게에 들어간다', '테이크아웃한 다', '가게 안에서 시간을 보낸다' 등 무수히 많은 작은 동사가 기획과 연결되어 있음을 알 수 있다. 각각의 동사가 나타내는 행위에 어떤 인사이트가 담겨 있는 지 들여다보면 다음과 같이 다양한 감정이 꿈틀거리고 있다.

"가게에 막 들어선 순간 냉방이 너무 세면 밖으로 나가고 싶어지기도 해."

"아침에는 시간이 촉박하다 보니까 앞사람이 계산을 너무 느리게 하면 답답하고 짜증이 나."

"커피에 이것저것 추가하는 커스텀 메뉴나 사이즈 이름은 이탈리아어라 어려워서 줄 서 있을 때 좀 긴장돼."

여기서 좀 더 넓혀보면 '원두를 구입해서 집에서 로스팅한다'라든지 '다 마시지 못한 커피를 가지고 나와 밖에서 버린다'처럼 기획의 언저리에 위치한 동사들도 눈에 들어온다. 나아가 조금 더 일반화해서 생각하면 사람들에게 '외식이란 무엇인가?', '다른 사람과 카페에 가는 행동은 어떤 욕구를 채우기 위해서인가?', '코로나 바이러스가 나타난 이래 번화가에 나가는 행위는 어떤 의미를 가지게 되었는가?'와 같이, 기획을 둘러싼 환경과 밀접하게 연관된 욕구도 상상할 수 있다.

두 번째 축은 '가치관'이다.

예를 들어 당신이 이 카페에서는 손님들이 사치스러운 기분을 만끽하기를 바란다고 가정해보자. 그렇다면 그 사람에게 '사치라는 가치관'은 과연 어떤 것일까? 지금은 어떤 방식으로 사치에 대한 욕구를 채우고 있을까? 다 채우지 못한 욕구는 어떤 바람이며 지금은 그것을 어떻게 인내하고 있을까? 이렇게 당신이 그 기획에서 상대에게 안겨주고 싶은 가치의 정체를 차츰 더 선명하게 들여다보는 것이다.

시야를 점차 넓히면 '휴식이란?', '화목함이란?', '편안함이란?' 같은 비슷한 가치관도 하나둘 떠올라 인사이트를 찾는 입구가 된다. 그리고 '커피에 대한 지식'도 기획의 가치로 추가한다면 상대에게 '지식을 어필하는 일의 가치는?', '겉치레란?', '브랜드란?', '유행이란?'처럼 더 넓은 시각을 얻을 수 있다. 이처럼 당신의 기획이 상대의 어떤 가치관과 이어질 수 있을지 폭넓게 생각해보자.

세 번째 축은 '라이프스타일'이다.

가치관의 축과 어떤 차이가 있는지 헷갈리기 쉽지만, 가치관은 감정과 관련된 부분이고 라이프스타일은 실제 상태와 관련된 부분이라는 차이가 있다. 상대가 당신의 기획과 직접적으로 연결되어 있는 시간만 살피려 하지 말고 상대가 어떤 라이프스타일을 가지고 있는지 상상해보면 된다.

일, 인간관계, 돈을 쓰는 방식, 소지품, 사는 곳…… 무수히 많은 변수가 있다. 단, 컨셉을 만드는 과정에서 우리가 할 일은 라이프스타일의 '실태를 정확히 파악하는 것'이 아니라 '상상력의 범위를 넓혀 생각지 못한 가설을 찾는 것'이다.

따라서 정말로 맞는지 아닌지 확실하지 않다고 멈춰 서지 말고 '그런 관점이 있다', '그리고 그런 관점에서 상상력을 발휘해야 보이는 인사이트가 있을지도 모른다'라는 점을 의식하면 된다. '정확성'이 아니라 '가능성에 대한 상상력'이면 충분하다.

이처럼 커피를 좋아하는 사람의 인사이트라고 해서 꼭 커피에서만 찾아야 한다는 법은 없다. 상대를 다각적인 시각으로 바라보며 본인도 아직 자각하지 못한 인사이트를 찾는 것이다. 그러면 "20대 여성" 같은 단순한 기호를 컨셉의 대상으로 삼지 않아도 된다. 이 세상에는 "여성들은 다 그렇지", "젊은이들은 좀 더 이래야 해" 같은 사람에 대한 고정관념이 그 사람의 인사이트를 가로막는 경우가 아주 많다.

단순한 기호로 상대를 생각하지 말고 '그 사람 자체'로 마주해야 한다. 거기에 상상력을 더하면 된다. 세 가지 축으로 시야를 넓히는 방법은 이를 위한 준비 운동으로 손색이 없다. 실제로 존재하는 사람에 대해 생각하는 방법은 이후의 과정에서 직접 해보자.

🖱 인사이트에도 '역사적 사고'를

다음으로 선입견을 간파할 때 그랬듯이 **시간 축으로 인사이트를 더 깊이 생각해보자**. 세 가지 축으로 넓힌 인사이트의 입구에서 보이는 욕구가 '예전부터 있었는지', '새로 나타난 욕구라면 계기가 무엇인지', '욕구 자체는 존재했으나 충족하는 방법이 달라진 것인지' 등 욕구와 그 욕구를 채우는 방식의 변천을 들여다보면 다양한 사실을 발견할 수 있다.

여기서 가장 찾고 싶은 것은 '시대의 인사이트'다.

'지금 그리고 가까운 미래의 사회는 어떤 정서를 지닌 시대인가'를 제대로 파악하면 컨셉이 지녀야 할 분위기와 제안의 전제가 명확해진다. 젊은 세대를 연구하면서 실제로 '시대의 인사이트'를 찾는 작업을 많이 해보았는데, 이를테면 '나홀로족', '인싸', '방콕 소비'처럼 욕구의 변화에 이름을 붙이는 식으로 생각해보면 된다. 여기서는 정확성을 추구하면 아무런 말도 할 수 없으니 어디까지나 '어떻게 인식할 것인지'만 생각하면 된다.

스타벅스가 일본에 처음 상륙한 1996년은, '원조 교제'라는 말이 일본의 유행어 대상 후보에 오르고 휴대전화가 급속도로 보급되고 버블경제가 붕괴하며 경기 침체가 장기화된 시기였다. 그때까지 견고했던 직장과 가정이라는 두 가지 장소가 한껏 위태로워진 상황이었다고도 볼 수 있다. 같은 해 애틀랜타 올림픽의 마라톤 경기에서 동메달을 획득한 아리모리 유코 선수는 "자신을 스스로 칭찬해주고 싶다"라는 말을 남겼는데, 그때 그 말을 자기 자신에게 그대로 들려주고 싶다고 생각한 사람도 적지 않았을 것이다. 그런 상황에서 집도 직장도 아닌 제3의 장소를 제안한 스타벅스는 고객 한 사람 한 사람에게 지지를 얻었음은 물론이고 **'시대의 정서에 완벽히 녹아들었다'**고 표현할 수도 있겠다.

자신의 기획은 대중을 상대로 한 내용이 아니니 시대의 정서와는 상관이 없다고 생각할 수도 있지만, 당신이 상대하는 한 사람은 틀림없이 지금 이 시대의 정서를 들이마시며 살아가는 사람이다. 그 점을 염두에 두면 컨셉을 골라낼 때 반드시 도움이 된다.

▜ 본인도 자각하지 못한 '숨은 욕구'란 무엇인가

이제 **두 번째 빈칸의 알맹이인 '상대가 안고 있는 숨은 욕구는 무엇인가'**에 대해 실제로 가설을 세워보자. 장난감 크리에이터인 다카하시 신페이는 이렇게 단언하기까지 했다.

"컨셉이란 언제 어디서 누구의 욕구를 충족하느냐에 대한 정의입니다."

나 또한 이 생각에 동의한다. 그만큼 '욕구를 포착하는' 것은 컨셉을 구상하는 중요한 요소다.

갑자기 너무 과감한 방법처럼 느껴질 수도 있지만 '우선은 써야' 한다. 가설을 펼치는 것이 출발점이기 때문이다. 세 가지 축으로 시야를 넓혀 상대를 둘러싼 요소를 다각적으로 둘러보면서 '사실은 이런 걸 원하지 않을까?', '이런 점에 불만을 느끼지 않았을까?' 하고 곰곰이 생각하며 적어보자.

특히 **'감정 변화의 폭이 커 보이는 해시태그'**를 기준으로 생각하면 좀 더 쉽게 찾을 수 있다. 무척 기대하는 일, 걱정되는 일, 참으면서 억지로 버티고 있는 일, 지금은 익숙해졌지만 처음에는 몹시 싫었던 일……. 시야를 넓혀 포착한 다양한 순간을 둘러보며 찾는 것이다.

카페를 예로 들면 "카페에서 사치스러운 기분을 만끽했으면 좋겠다"라는 가설을 세우고 '이 사람에게 가치 있는 사치란 무엇인가?'를 생각해보면 된다. 지금은 그런 기분을 무엇으로 채우고 있는지, 좀 더 깊이 들어가서 '사치스러운 기분'이란 구체적으로 어떤 마음을 가리키는지, 그 욕구는 다른 욕구보다 우선순위가 높은지, 언제 채워야 가장 기분이 좋고 거부감이 들지 않는지. 그렇게 적은 다음 상상력을 어떤 방향으로 발휘하면 상대의 욕구를 좀 더 또렷하게 파악할 수 있을지 점점 더 파고드는 식이다.

ㄱ '다른 것으로는 안 되나?'라는 관점이 해상도를 높인다

인사이트의 해상도를 높이려면, 다시 말해 인사이트를 좀 더 또렷하고 정확하게 만들려면 **"다른 것으로는 안 되나?"** 하고 자문자답해보자. 앞으로 우리가 제안할 컨셉은 상대방의 인생을 새롭게 파고들어야 한다. 그런데 지금 이대로도 괜찮다면 새로운 컨셉은 결코 받아들여지지 못할 것이다. 컨셉으로 포착하려 하는 인사이트를 '지금 무엇으로 충족하고 있는지', '그때 느껴지는 불만이나 부정적인 느낌은 무엇인지' 들여다보면, 우리가 생각하는 컨셉으로 어떤 가치의 장벽을 뛰어넘어야 하는지 이해할 수 있다.

　유명한 미국식 농담 중에 이런 이야기가 있다. 우주 개발에 대한 경쟁이 치열하던 20세기 중엽에 미국은 "우주에서도 기록을 할 수 있도록 무중력 환경에서 쓸 수 있는 볼펜을 개발하자!"라며 열을 올렸다. 그러자 소련은 "어? 연필로 쓰면 되잖아!"라는 한마디로 상황을 정리해버렸다. 우리의 컨셉도 '연필로 쓰면 된다'는 한마디에 꺾이지 않도록 인사이트가 지금 무엇으로 충족되고 있는지 자세히 살펴 욕구를 더 깊이 이해해보자.

▛ 인사이트의 단서는 현장에서 잡는다

여기까지 왔다면 이번에는 '현장'에도 나가보자. 카페를 기획한다면 카페나 주변 거리로, 아이돌을 기획한다면 공연장이나 아이돌 굿즈 판매점으로, 게임을 기획한다면 온라인의 커뮤니티로. 기획의 '상대'인 사람들이 있는 현장을 실제로 보면 가설이 옳은지 확인할 수 있고 잘못되었다면 새로운 가설을 찾을 수도 있다.

이 책에서는 현장 조사에 대해서 자세히 다루지 않지만, 한 가지 중요한 자세를 짚어보자면 '본인에게 답을 물어서는 안 된다'는 점이다.

연인에게 선물로 뭘 갖고 싶으냐고 물어본 적이 있는 사람이라면 일명 '뭐든 좋아' 문제를 한 번쯤 경험해보았을 것이다. 뭐든 좋다고 말했으나 실제로 어떤 것이든 괜찮은 경우는 거의 없으니 속지 말라는 이야기 말이다. 뭘 원하는지 묻지 말고 알아채주기를 바라는 인사이트 때문일 수도 있고, 전에는 정말 뭐든 상관없었는데 실물을 보고 나니 마음에 들지 않아 다른 것을 원하는 인사이트 때문일지도 모른다. 어느 쪽이든 핵심은 '본인이 자신의 인사이트를 정확하게 표현할 수 있으리라 생각해서는 안 된다'는 점이다.

20세기를 대표하는 문화인류학자 중 한 명인 마거릿 미드는 이런 말을 남겼다.

사람들이 하는 말,

사람들이 하는 행동 그리고

사람들이 말하는 자신의 행동은

완전히 다르다.

그렇기에 관찰이 중요하지만, 바쁜 나날 속에서 아무런 단서도 없이 관찰하기란 쉽지 않다. 따라서 세 가지 축으로 포착한 '단서'를 참고해서 관찰 포인트를 정한 뒤 현장으로 나가는 것이 가장 현실적인 방법이다. 본인에게 답을 듣기 위해서가 아니라 본인도 자각하지 못한 욕구를 찾겠다는 마음가짐으로 현장에 나가보자.

▜ 인사이트를 찾기 위한 힌트

1. 명사가 아니라 동사로 생각한다

당연한 말이지만 인사이트란 사람의 욕구이므로 '사물'이 아니라 '인간'의 이야기로 생각해야 한다. 따라서 '커피에 대한 인사이트'가 아니라 '커피를 마신다', '커피를 산다', '커피를 테이크아웃한다', '집에서 커피를 내린다'처럼 **동사가 붙는 문장으로 생각해야 한다.** 우리가 인사이트를 찾을 때 고려해야 할 부분은 인식이다. 동사로 생각하면 '인간의 인식'을 다루고 있다는 사실을 잊지 않을 수 있다.

2. 자신만의 '렌즈'를 끊임없이 연마한다

인사이트는 사람과 시대 속에서만 찾을 수 있지만, 그렇게 정의하면 아무리 생각해도 부족하고 어려운 일처럼 느껴질지도 모른다. 그래서 나는 자신만의 '렌즈'를 가지라고 권하고 싶다.

예전에 함께 일했던 동료 중에 아이돌을 무척 좋아하는 사람이 있었는데, 그는 어떤 이야기를 하든 아이돌에 빗대어 말하곤 했다. "아, 지금 아이돌업계에서 나타나고 있는 변화와도 맞아떨어지네요"라든지 "그 시기에 아이돌업계에서도 큰 변혁이 일어났죠" 하고 말이다. 이른바 '아이돌 역사'에 정통해서 아이돌업계라는 하나의 작은 구멍을 통해 시대의 분위기나 한 사람 한 사람의 욕구를 바라 볼 줄 알았던 것이다.

뭐든 하나라도 좋으니 **시대나 사회의 미묘한 낌새를 정밀하게 포착할 수 있는 성능 좋은 렌즈를 연마해두자.** 그 주제가 인간의 어떠한 욕구를 비추는 거울이라면 훌륭한 렌즈가 될 것이다. 라면이든 도시 이론이든 게임이든 여행이든 반려동물이든 인간의 욕구가 크게 움직이는 대상을 렌즈로 삼아보자.

어떤 것이든 상관없다. 자신이 싫증 내지 않고 꾸준히 사회를 내다볼 수 있는 렌즈를 정하고 그 렌즈 너머로 사회를 들여다보며 시대의 변천을 느끼는 것이다. 그저 읽거나 듣는 것이 아니라 **'변화'를 이야기하려고 의식하면** 가치가 한층 더 높아진다.

조금 더 나아가 렌즈로 대상을 포착하는 '관점'을 몇 가지 정해두면 시야가 더욱 선명해진다. 나는 '젊은 세대의 역사'라는 렌즈를 오랫동안 갈고닦아왔는데, 그 렌즈로 청년들을 어떻게 바라볼지 몇 가지 관점을 정해두었다. 돈, 친구, SNS, 시간, 정체성 등이 주된 '관점'이다. 정답은 없으니 자연스레 호기심이 드는 관점을 몇 가지 생각하면 된다. 렌즈로 멍하니 사회를 바라보는 것이 아니라 또렷이 초점을 맞추고 시대를 관찰할 수 있다.

> 아이돌의 역사로 보는 젊은 세대의 자기실현에 대한 견해
> 라면의 역사로 보는 사람들의 식욕에 대한 견해
> 애니메이션의 역사로 보는 사람들의 연애에 대한 견해

뭐든 좋으니 **너무너무 좋아해서 노력하지 않아도 저절로 생각하게 되는 '역사'와 '관점'의 렌즈가 있으면, 인사이트를 찾는 눈이 훨씬 밝아질 것이다.**

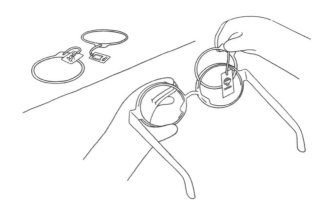

3. 다른 사람의 렌즈를 빌린다

나는 「마츠코가 모르는 세계(マツコの知らない世界)」나 「희귀한 사람을 데려왔다(激
レアさんを連れてきた)」처럼 독특한 사람들이 출연하는 방송을 좋아해서 자주 시
청한다(두 방송 모두 독특한 이력을 가진 사람이나 특정 분야에 통달한 인물을 게스트로
초대하는 예능 프로그램이다-옮긴이). 그런데 방송을 볼 때마다 '다른 사람이 갈고
닦은 렌즈를 빌려' 세상을 바라보는 기분이 든다는 사실을 최근에야 깨달았다.
한 사람의 인생에 주어진 시간과 호기심은 양이 제한되어 있으니 모든 일을 훤
히 꿰고 있을 수는 없다. 그러므로 **'다른 사람이 가진 렌즈를 빌린다'는 발상이 매우
중요하다.**

프로그램 시청뿐만 아니라 SNS 계정을 팔로우하거나 팟캐스트에서 마음에 드
는 방송을 구독하거나 친구나 지인의 취미에 관심을 가지거나 등등…… 방법은
아주 다양하다.

다른 사람의 렌즈를 빌리려면 두 가지가 중요하다. 렌즈의 주인을 아는 것, 그
리고 그 사람이 가진 렌즈 너머로 보이는 세계에 순수한 호기심을 갖는 것이다.
이런 발상도 다수의 의견을 빠르게 포착하고자 하는 매스마케팅, 즉 불특정 다

수를 대상으로 한 조사에서는 무의식중에 배제되기 일쑤다. 그런 소수의 의견을 들어보았자 수가 얼마 되지 않으니 마케팅에 도움이 되지 않을 거라고 믿기 때문이다.

실제로 컨셉을 구상하는 과정에서 '양의 문제'를 끄집어내면 사고가 잘못된 방향으로 흘러가버린다. **'타인과 다른 발상을 이끌어내려 하는 과정에 타인과 같은 발상으로 향하는 과정을 섞은' 셈이기 때문**이다. **'어떻게 다른 사람이 떠올리지 못하는 아이디어를 떠올릴 것인가', '어떻게 다른 사람의 생각을 완전히 뒤집을 것인가'라는 컨셉 사고의 대전제**를 잊어서는 안 된다.

때로 언뜻 관계없어 보이는 세 가지 이상의 사실이 같은 인사이트의 선으로 연결되어 마치 별자리처럼 새로운 의미를 자아낼 때가 있다. 그것이 "시대의 분위기를 포착한다"라는 말의 다른 표현일지도 모른다. 그러니 끊임없이 자신의 렌즈를 연마하고 다른 사람에게 빌려주고 다른 사람의 렌즈를 빌려야 한다. 나만의 렌즈를 든든히 마련해 여러 각도로 시대와 사람을 바라보는 힘을 기르자.

인사이트를 찾는 방법

1. '상대'를 파악하는 방법 • 상대의 개념을 넓힌다 • 시간 축으로 생각한다 2. '욕구'를 파악하는 방법 • "다른 것으로는 안 되나?" • 현장으로 나간다	힌트 ① 동사로 생각한다. ② 자신만의 '렌즈'를 연마한다. ③ 다른 사람의 렌즈를 빌린다. 새롭고 구체적인 인사이트를 발견한다.

📑 선입견과 인사이트 사이에서 '딜레마'를 찾자

자, 이렇게 해서 선입견(B)과 인사이트(I)에 관한 다양한 가설을 테이블 위에 가득 늘어놓았다. 이제 가설을 모두 둘러보면서 이 두 가지 요소가 짝을 이루었을 때 '딜레마'에 빠지는 조합을 하나하나 찾아보자.

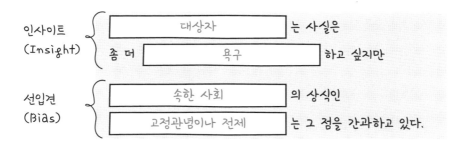

선입견이 인사이트의 존재를 놓치고 있다.
인사이트가 선입견의 존재를 부각한다.

이처럼 선입견과 인사이트는 서로 마주 보고 있는 두 개의 거울처럼 짝을 이룬 채 딜레마를 품고 있다. 선입견과 인사이트는 어느 한쪽을 발견한 뒤 다음을 생각한다기보다는 '거의 동시에 발견하는' 방식이 바람직하다. 블록처럼 순서대로 차곡차곡 쌓는 것이 아니라 퍼즐처럼 조각과 조각이 정확히 맞물리는 느낌으로 찾아야 한다는 뜻이다.

세 가지 축으로 시야를 넓혀 선입견과 인사이트를 찾는 두 개의 지도를 나란히 놓으면, 선입견과 인사이트를 바라보는 '인식의 확장 지도'가 완성된다.

인사이트를 발견하기
위한 시야 넓히기

가치관

보상이란?
사치란?
합리적이란?
화목함이란?
유행이란?
지식이란?
다 마시지 못하고
남긴다
기간 한정이란?
휴식이란?
겉치레란?
커피에 관한 지식이 풍부한가

번화가로 나간다
브랜드란?
커피를 마신다
커피를
좋아하는
사람

외식

행위

테이크아웃
산다
커피를 내린다

데이트를 한다
인간관계
사람을 만난다
수다를 떤다
원두 완제품
다른 사람에게
대접한다
일
업무 스타일
돈을 쓰는 방식

근무지

주택가
집
소지품

라이프스타일

선입견을 꿰뚫어 보기

위한 시야 넓히기

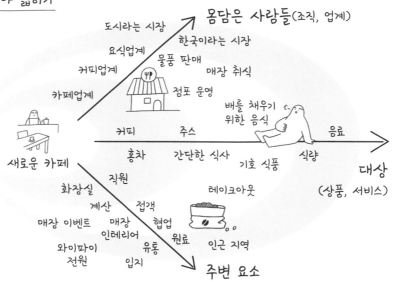

몸담은 사람들(조직, 업계)

도시라는 시장

한국이라는 시장

요식업계

물품 판매   매장 취식

커피업계

점포 운영

카페업계

배를 채우기

위한 음식

새로운 카페

커피   주스   음료

홍차   간단한 식사   기호 식품   식량

대상

직원   (상품, 서비스)

화장실   테이크아웃

계산   접객

매장 이벤트   매장   협업

인테리어   원료

와이파이   유통

전원   입지   인근 지역

주변 요소

지도 한가운데에는 사고의 출발점인 "커피를 좋아하는 사람을 위한 새로운 카페의 컨셉"이 기본형으로 놓여 있는데, 이것만 계속 바라보고 있으면 선입견과 인사이트는 찾을 수 없다. 고객을 대상으로 줄곧 자사 제품에 대한 수요 조사만 진행하는 마케팅은 그야말로 '지도 한가운데만 보는' 방식이나 다름없다. 그렇게 하면 상황을 개선할 수 있을지는 몰라도 '이곳이 아닌 어딘가'로 갈 아이디어는 나오지 않는다.

"요식업계의 상식이 간과하고 있는, 사람들이 외식을 하는 진짜 이유는?"
"커피업계의 상식이 놓치고 있는, 사실은 집에서 커피를 마시고 싶지만 그러지 못하는 사람의 불만이란?"
"협업 기업에 대한 상식이 간과하고 있는, 요즘 젊은 세대가 '유행'을 바라보는 가치관이란?"

왼쪽과 오른쪽의 조합을 달그락달그락 바꿔보면서 '딜레마를 찾을 때 미처 생각하지 못했던 관점'을 찾아보자. 그다음 실제로 그 관점에 대한 가설을 떠올려보면 된다. 그렇게 해서 얻은 몇 가지 딜레마 가운데, "이 문제를 해결하면 틀림없이 도움이 되거나 기뻐하는 사람이 있을 거야!"라고 확신할 수 있는 문제가 컨셉의 근거로 작동하는 딜레마가 된다.

새로운 발견인 것
강렬한 감정이 느껴지는 것
이 기획으로 해결할 수 있는 것

이 세 가지를 의식하며 '해결할 가치가 있는 딜레마'를 가려내보자. 좋은 딜레마만 발견한다면 사실 컨셉은 거의 완성된 것이나 다름없다. 단, 나머지 한 가지 요소인 '비전'이 더해지면 컨셉의 실현 가능성이 훌쩍 높아지니 이어서 꼼꼼히 살펴보자.

비전을 찾는 방법

▣ 결국 회사는 어떤 미래를 바라는가

비전을 구성하는 두 개의 빈칸을 채울 때는 선입견과 인사이트를 고민할 때와
는 조금 다른 사고방식이 필요하다. **비전은 '나 자신'의 이야기이기 때문이다.** 선입
견은 업계의 이야기일 수도 있고 인사이트는 기획의 대상에 관한 이야기일 수도
있다. 하지만 비전은 "당신은 결국 무엇을 위해 이 기획의 컨셉을 만들고자 하는
가?"라고 자문자답하는 영역이다. 그러니 우선 생각하는 방식을 전환한 뒤 다음
내용으로 넘어가도록 하자.

비전
(Vision) { 이를 통해 [대상과 사회의 새로운 관계] 를 디자인해
[이상적인 사회의 상태] 사회의 실현을 꿈꾼다.

  빈칸이 두 개 있는데, 첫 번째 칸에는 지금 컨셉을 정하고자 하는 대상이 사
회에서 어떤 존재가 되기를 원하는지, 즉 '대상과 사회의 이상적인 관계'가 들어
간다. 반면 두 번째 칸에는 기획과는 별개로 이상적인 사회의 모습을 순수하게
정의한 내용이 들어간다.

스타벅스의 "제3의 장소"를 예로 들면 이렇게 풀어낼 수 있다.

"사람들이 집과 직장 이외에도 갈 곳이 있는 사회의 실현"이

두 번째 칸에 들어간다면, 그런 사회를 현실로 만들기 위해

"카페가 많은 사람의 새로운 쉼터가 된다"라는

대상과 사회의 이상적인 관계가 첫 번째 칸에 들어간다.

빈칸의 내용은 각각 주어가 다른데, 첫 번째 칸은 '기획의 대상'이 주어이지만 두 번째 칸은 기획의 대상과 상관없이 '사회'를 주어로 두고 생각해야 한다. 두 번째 칸의 내용을 생각하면 기획을 구상하며 자신도 모르게 무겁게 짊어지고 있던 현실과 문제들에서 완전히 벗어나 사회를 중심으로 생각할 수 있게 된다.

다만 이 두 가지 빈칸의 내용은 '완전히 다른 두 가지 사고를 하는 것'이 아니라, '각기 다른 방향에서 스포트라이트를 비추어 하나의 비전을 두 가지로 나누어 쓴다'고 생각하면 된다. 우선은 지나치게 의식하지 말고 비전의 내용 자체를 생각해보자.

▣ 이상적인 비전은 'for other by me'

먼저 기획을 통해 '어떤 사회를 실현하고 싶은지'를 글로 써보자. 여러 생각이 뒤섞여 있다면 한 줄이 아니라 여러 줄을 써도 좋다. 왜 이 기획을 하는지, 누구에게 어떤 도움이 되는지, 이를테면 어디서 어떤 사람이 어떤 상태가 되는 것이 이상적인지 일단 적어보자.

그다음 임시로 적은 비전을 손질하고 갈고닦으면 되는데, 방향을 명확하게 만들기 위해 먼저 **'의지의 사분면'**이라는 사분면 지도를 그려보려 한다.

세로축은 'by'를 가리키며 비전이 '누구에게서 비롯되었는가'를 정리하는 축이다. 가로축은 'for'를 가리키며 비전이 '누구를 위한 것인가'를 정리하는 축이다. 이 2개의 축이 만나 다음과 같이 4개의 사분면이 만들어진다.

왼쪽 위 'for me by me' = 자신을 위한, 자신의 비전

'사업 성공시키기', '업계 시장 점유율 1위', '이름 널리 알리기' 등은 여기에 해당한다. 자기 자신의 의지이며 목표의 방향도 자신을 향하고 있는 경우는 모두 여기에 들어간다.

왼쪽 아래 'for me by other' = 자신을 위한, 누군가의 비전

누군가가 나를 '고객'으로 보고 구상한 컨셉이 여기에 들어간다. 기본적으로 이 책의 내용은 자신이 직접 컨셉을 만드는 방법이기 때문에 책에서 소개하는 내용은 여기에 해당하지 않는다.

오른쪽 아래 'for other by other' = 누군가를 위한, 누군가의 비전

"앞으로는 지속가능발전목표(SDGs)가 중요하다", "지금 건강에 대한 관심이 높아지고 있다" 같은 트렌드나 뉴스에서 등장할 법한 내용은 여기에 해당한다.

오른쪽 위 'for other by me' = 누군가를 위한, 자신의 비전

나 자신의 의지에서 비롯된 내용이며 그 의지가 '다른 사람의 이익'을 추구할 때는 여기에 해당한다.

의지의 사분면

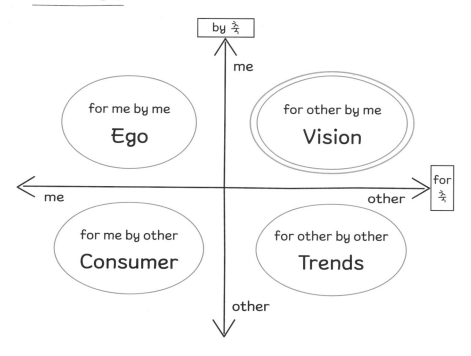

앞에서 미리 적어본 비전은 어떤 사분면에 들어가는지 한번 확인해보자. **우리가 지향해야 할 '좋은 비전'은 어떤 사분면에 속할까? 바로 오른쪽 위의 'for other by me', 즉 '누군가를 위한 나의' 비전**이다. 첫 번째 'for me by me' 사분면은 '자신의 이익', 두 번째는 '소비자의 입장', 세 번째는 '트렌드'라고 바꿔 말할 수 있다면, 진정한 비전은 마지막 오른쪽 위 사분면뿐이라고 볼 수도 있다.

만약 'for other by me'의 사분면에 들어갈 내용을 쓰지 못했더라도 괜찮다. 각각의 사분면에 들어가는 비전을 손질해서 진정한 비전으로 만들 수 있기 때문이다.

▔ 자신의 이익을 비전으로 승화하려면?

첫 번째 사분면인 '자신의 이익'을 그대로 비전으로 삼으면 다른 사람의 힘이나 주목, 자본이 '모여드는' 컨셉은 만들지 못할 가능성이 높다. 인사이트와 비전 또한 다소 억지로 연결하게 될 우려가 크다. 그렇다면 어떻게 해야 할까?

가장 먼저 짚어두고 싶은 점은 '자신의 이익을 생각하는 사람은 실로 강하다'는 사실이다. 훌륭한 컨셉을 만들어낸 사람 중에는 '스스로가 원하는 것을 만드는 일', 즉 자신의 이익에서 출발한 이들이 많다. 게다가 자기 의견 하나 없이 처음부터 다른 사람이 원하는 것을 타인의 의견에만 따라 만든다는 자세로 시작하면 내가 그 기획을 해야 하는 의미가 사라져버릴 수도 있다.

결국 자신이 원하는 바를 **다른 사람에게 제안하는 문체로 변환하는** 것이 중요하다. 나의 바람이기도 하지만 다른 사람에게도 틀림없이 좋은 일이 될 것이라고 주어를 바꿔 말하면 된다.

매출 1위를 노린다 → 사회에 좋은 영향을 주는 일인가?

사업가로서 성공을 이룬다 → 당신의 성공은 사회적으로 어떤 의의가 있는가?

이름을 널리 알린다 → 당신이 유명해지면 사회에 어떤 의미가 있는가?

이렇게 반대로 뒤집어서 'for other'의 관점으로 문장을 번역해보자. 이때 'other'가 누구인지 고려하는 것이 무엇보다 중요하다. 선입견에 관한 이야기에서 '사회의 범위'를 다루었던 내용을 떠올리면서 내가 중요하게 여기고 싶은 나이외의 다른 사람이란 누구인지를 강하게 의식하자. 그리고 비전의 실현이 그들에게 '어떤 의미가 있는지'를 말로 옮겨 생각하면 된다. 이렇게 주어를 '도치하면' 내용을 왼쪽 위에서 오른쪽 위로 쉽게 옮길 수 있다.

⌐ 트렌드를 비전으로 승화하려면?

트렌드의 사분면에는 주로 착실하고 우등생 같은 발상이 포함된다.

이와 관련된 한 가지 일화가 있다. 수프스톡도쿄의 창업자 도야마 마사미치가 상품을 개발할 때 실제로 겪은 '검은깨 수프'에 대한 이야기다.

수프 신상품 개발을 위한 기획 회의에서 한 직원이 검은깨 수프에 대한 기획안을 제출했다. 직원은 자신의 기획을 발표하면서 그 아이디어가 훌륭한 근거로 '아침 정보 프로그램에서 한 유명 연예인이 검은깨 열풍이 일어날 것이라고 말했다'는 점을 들었다. 이에 도야마 마사미치 대표는 이렇게 물었다고 한다.

"그럼 만약 이 수프가 팔리지 않으면 그 사람 탓을 할 생각인가요?"

기획을 제안하는 사람의 마음속에서 솟아나는 열정과 의지 그리고 반드시 성공한다는 확신이 없다면, 이상한 사람이라는 시선을 이겨내고 참신한 기획을 끝까지 밀고 나갈 수 없을지도 모른다. 금방 다른 사람 탓을 하거나 뉴스나 트렌드를 탓하거나 이해해주는 사람이 없다는 사실에 좌절할 수도 있다.

그러므로 처음에는 찬성하는 사람이 적어도 자기 자신 안에 확신이 있어야한다. '유행하니까', '하지 않으면 사회의 눈총이 따가우니까', '경쟁사도 하니까' 같은 외적인 동기도 물론 기획을 실현하는 중요한 요소다.

다만 비전을 내다보는 과정에서는 반드시 이러한 물음을 마음속에 간직하고 있어야 한다.

"그럼 만약 외부의 압력이나 다른 요인과 상관없이 당신이 원하는 대로 할 수 있다면 하지 않을 것인가?"

그렇다면 트렌드를 비전으로 바꾸려면 어떻게 해야 할까? 쉽게 말해 '자신의 이익'을 비전으로 바꾸기 위해 주어를 도치했을 때와 반대로 하면 된다. '여러분이', '경쟁사가', '상사가'처럼 자신이 아닌 주어로 썼던 내용을 사실 나는 어떻게 생각하는지, 즉 'by me'로 바꿔서 생각해보는 것이다.

다만 이 'by me'로 바꿔서 생각하는 행위는 본래 뜻이 있어 컨셉을 구상하기 시작한 사람이라면 어렵지 않겠지만, 그렇지 않은 사람은 자못 고생하게 될 수도 있다. 실제로 막상 생각해보니 "나한테는 하고 싶은 일이나 열정이 없는 것 아닌가?" 하고 자신감을 잃어버리거나 허무함에 사로잡히는 사람도 적지 않다. 그럴 때 바로 답이 나오지 않는 사람에게 도움이 될 두 가지 보조선을 알아보자.

첫 번째는 "나는 누구를 위해 가장 큰 에너지를 낼 수 있는가?"라는 생각이다. 컨셉에는 'for', 다시 말해 상대가 있기 마련이다. 그중 가장 발 벗고 나설 마음이 드는 사람은 구체적으로 누구일까? 실제로 존재하는 사람을 한 명 정해두고 생각해보자.

예를 들어 "10대 여성을 위해서"라는 설정으로는 생각할 기운이 나지 않는 사람도, "어릴 때부터 가깝게 지내왔던 조카가 여드름 때문에 속상해하니 어떻게든 고민을 덜어주고 싶다"라고 바꿔서 생각하기만 해도 에너지의 양이 달라지지 않을까?

얼굴이 보이지 않는 막연한 사람들을 한 덩어리로 떠올리는 사고방식은 역시 '시장의 규모'를 중시하는 사고에서 비롯되는 듯하다. 비전의 강점을 키우기 위해 여기서는 일단 규모는 제쳐두고 내가 '도움을 주고 싶은 사람이 누구인지' 생각해보자. 실제로 내가 몸담고 있는 대형 광고대행사 젊은이 연구부의 인턴십에서는 학생들이 처음 입장할 때 "당신이 눈을 떼지 못하는 문제는 무엇인가요?"라는 물음을 던진다. 그 대답에서 느껴지는 힘이 어려운 기획을 실현하는 근본적인 에너지와 직결되기 때문이다.

그래도 'by me'가 떠오르지 않는다면 **두 번째 방법으로 '실제 경험을 대입해 생각해보기'를 추천한다.** 앞서 여드름으로 고민하는 조카를 예로 들었는데, 자신의 실제 경험을 바탕으로 한 생각이라고도 할 수 있다. 당사자로서 느낀 의문, 불만, 분노, 기쁨, 희망을 바탕으로 찾아낸 비전은 저절로 'by me'가 되며, 다른 사람이나 사회가 보기에도 '다른 사람이 아니라 당신이 이 컨셉을 제안한 의미'를 쉽게 납득할 수 있다.

제2장에서 사례로 소개한 헤랄보니의 "복지 실험 유닛"이라는 컨셉의 이면에도 남다른 비전이 숨어 있다. 창업자인 마쓰다 다카야와 마쓰다 후미토의 형에게 장애가 있다는 사실, 그리고 형과 함께 생활하며 느낀 의문과 분노 혹은 가능성에서 출발한 비전 말이다. 거기에는 '오직 이 형제만이 말할 수 있는 비전'이라는 강한 설득력이 있다.

"하지만 제 인생에는 그렇게 특별한 경험담이 없는데요……." 그렇게 생각하는 사람도 있을지 모른다. 그러나 그건 분명 자기 자신에 대한 고정관념에 불과하다. 다른 사람이 사소하다고 말해도 자기 자신에게 중요한 일이라면 얼마든지 귀중한 경험이다. '이곳이 아닌 어딘가'를 내다볼 수 있도록 먼저 '지금까지의 자신'을 부정하지 않고 받아들여야 한다.

세계적인 아티스트 테일러 스위프트의 노래에 나오는 가사는 대부분 자신의 연애를 토대로 한 내용이라고 한다. 무척 싫었던 경험, 정말 기뻤던 경험에 "그래도 이렇게 생각하는 사람은 나 말고도 있을 거야!"라는 제안이 더해져 비전이 되는 것이다. 그러니 일상생활에서도 자신의 감정을 세밀하게 들여다보는 습관을 가져야 한다.

단순히 '맛있었다', '즐거웠다'가 아니라 과거에 가장 비슷한 느낌을 받았던 때가 언제인지, 그 경험과 어떤 점이 달랐는지, 말로 표현하자면 어떤 느낌인지, 좀 더 정확히 들어맞는 단어나 표현은 없는지, 조금 더 구체적으로 생각해보자.

선명하게 자신의 감정을 이해하면 '평범한 인생'이라고 여길지도 모르는 하루하루가 전혀 다르게 보일 수도 있다. 누구나 그런 가능성을 지니고 있다. 자신의 나약함이나 위화감, 괴로운 경험을 없었던 일로 여기지 않고 오히려 '전혀 다른 시각으로 받아들이는' 정신이야말로 컨셉 센스에는 반드시 필요하다.

인생은 지금도 현재 진행형으로 흘러가고 있다. 지금 이 순간부터라도 새로운 경험은 얼마든지 할 수 있다. 현대 사회는 어마어마한 양의 정보가 난무하기에 실제로 직접 경험해본 사람은 소수이건만, 모두가 자신도 해본 적이 있다는 양 착각하곤 한다.

자기 돈을 들여 직접 해보고, 가보고, 먹어보고, 만나보고, 써보고……. 모범생처럼 착실한 사람일수록 책상 앞에서 답을 내려 하는 경향이 있지만, 효율만 따지지 말고 오늘부터라도 인생에 새로운 경험을 조금씩 더해보자.

▣ 인생으로 비전을 손에 넣는다

이제 'for other by me', 즉 비전이 눈에 보이는가?

결국 좋은 비전을 얻으려면 반드시 기획자 본인이 자신의 인생을 들여다보아야 한다는 뜻일지도 모른다. 평소 큰 기업에서 많은 관계자의 이해를 적절히 조정하며 능숙하게 일을 해결하는 사람일수록 실제로는 '자신의 느낌을 일에 반영하는' 데 서툰 경우가 많다.

물론 객관적으로, 합리적으로, 사실을 토대로 일을 처리해야 하는 상황도 많다. 그러나 비전을 찾을 때는 입장이며 소속이며 직함 따위는 몽땅 벗어던지고 '나라는 사람이 어떤 인생을 살았고 어떤 감정을 느꼈으며 어떤 생각을 가지고 있는지'로 되돌아갈 수 있는 사람이 더욱 강하다.

그리고 컨셉은 그런 자신의 주관과 시대, 사회, 상대에 대한 관점을 잇는 매듭에서 떠오른다. 먼저 선입견(B)과 인사이트(I) 사이에서 딜레마를 찾았으니 이번에는 딜레마를 해결할 컨셉을 "왜 당신이 해야 하는가?"라는 비전(V)을 통해 강한 확신이 담긴 제안으로 발전시켜보자.

비전을 찾는 방법

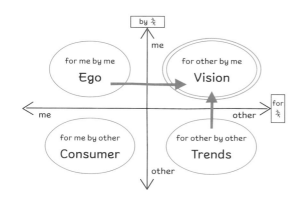

힌트
① 주어를 바꿔서 생각한다.
② '누구를 위해서'인지 구체적으로 생각한다.
③ 실제 경험으로 바꿔본다.
↓
'for other by me'에 해당하는 비전을 찾아낸다.

B·I·V 중 어느 것부터 생각해야 할까?

▚ 자신의 오른손을 파악한다

지금까지 선입견(B)과 인사이트(I)와 비전(V)을 각각 어떻게 찾아야 하는지 살펴보았다. **사실 이 세 가지를 '생각하는 순서는 상관이 없다'.** 하나씩 차례차례 생각하기보다는 '세 가지 요소를 이리저리 오가며 살피다가 어느 순간 조각이 딱 들어맞으며 모든 이야기가 완성되는' 방식으로 해결하는 경우가 대부분이기 때문이다. 컨셉이 필요한 적응 과제에는 애초에 문제를 순서대로 차례차례 풀어나가는 방식이 적합하지 않다.

따라서 어떤 문제부터 풀지는 자신의 생각이나 성격에 따라 정하면 된다. 결국 모두 다 생각해야 할 문제이니 처음에는 마음껏 생각을 펼칠 수 있는 지점에서부터 구멍을 파도 좋다는 이야기다. 여기서는 '어떤 사람에게 어떤 요소가 특히 적합한지', 어느 손이 자신의 바른손인지 알아보도록 하자.

▚ 제3자의 관점이 효과적인 'B손잡이'

먼저 선입견(B)부터 간파하는 방식은 업계의 상식을 깨부수는 데서 시작되므로

'문외한'에게 유리한 관점이다. 앞에서 새로운 가치를 창조하는 사람을 "외지인, 젊은이, 바보"라고 부른다고 설명했듯이, 업계의 상식에 물들지 않은 사람일수록 선입견을 쉽게 알아차릴 수 있다.

- **제3자의 입장에서 기획에 자주 관여하는 사람**
  컨설턴트, 외주 디자이너나 기획자 등
- **기획의 주체인 '우리' 가운데 경력이 짧은 사람**
  신입, 다른 업계에서 이직한 사람, 소수파다운 어떤 특성을 지닌 사람 등

이런 사람이 주로 여기에 해당한다. 또한 선입견을 찾을 때는 **"정말 그것이 전제일까?" 하고 의심하는 관점**이 중요하므로 사물을 보거나 생각할 때 우선 의문을 갖는 습관이 있는 사람에게도 적합한 경로다. 객관적이고 냉정하게 한 발 물러서서 상황을 볼 줄 아는 사람은 "정말 그럴까?"라는 구호와 함께 선입견부터 찾아보도록 하자.

선입견부터 시작했을 때는 '고정관념에 가려진 인사이트는 무엇인지', '나라면 그 고정관념을 깨부수고 어떻게 하고 싶은지' 인사이트(I)와 비전(V)으로 연결해서 생각해보자.

야망과 분노가 있다면 'V손잡이'

비전에서 출발하는 방식은 사업가 스타일인 사람에게 많이 나타난다. 사회에 분노하는 사람, 무언가를 이루고 싶다는 꿈이 있는 사람, 누가 시키지 않아도 알아

서 기획하는 사람, 내면에 큰 뜻을 간직한 사람은 자연히 비전부터 생각해서 컨셉을 선정하는 경우가 많다.

"만약 이런 게 있다면 세상은 지금보다 훨씬 좋아질 텐데!"

그런 생각이 하나라도 떠오른다면 그 바람을 출발점으로 삼자. 그것이 새로운 컨셉을 만드는 결정적인 한 수가 될 것이다.

이렇게 비전(V)에서 출발했다면 '왜 아무도 이런 일을 하지 않았는지, 이런 발상으로 주변에서 선입견을 찾을 수 있을지', '나 혼자만의 생각이 아니라 모두가 공감하는 내용인지, 거기서 인사이트를 찾을 수 있을지' 곰곰이 생각하며 선입견(B)과 인사이트(I)로 연결해보자.

⬛ 사람을 헤아리는 'I손잡이'

마지막으로 인사이트(I)에서 출발하는 방식은 조사원이나 디자이너, 마케터 등이 적합한 경우가 많다. 강한 충동이나 바람은 없지만 인간을 관찰하기를 좋아하는 사람, 사람의 마음을 깊이 헤아릴 줄 아는 사람, 다른 사람의 바람을 이루어주는 일에서 기쁨을 찾는 사람에게 추천하는 관점이다.

이 경로를 택했을 때는 선입견(B)과 비전(V)으로 연결해서 '기존의 회사들이 욕구의 존재를 간과한 이유를 통해 선입견을 찾을 수 있을지', '욕구를 충족할 수 있는 이상적인 사회의 모습을 통해 비전을 찾을 수 있을지' 생각해보는 것이 좋다.

⌑ 생각이 막힐 때는 '다른 손을 가진 사람'의 힘을 빌리자

자신에게 알맞은 경로로 생각하되 벽에 부딪힐 때는 다른 관점을 가져오는 유연함 또한 중요하다. 그럴 때는 자기 자신 안에서 관점을 전환하는 것도 좋지만, 자신과 다른 경로로 생각하는 사람과 팀을 꾸려 각자의 방식으로 생각한 다음 서로 맞대어보는 것도 훌륭한 컨셉을 만드는 방법이다.

팀을 만들 때는 반드시 '사고의 방향'을 파악해두어야 한다. 주로 쓰는 손이 모두 같은 방향이라면 마찰이 적어 언뜻 보기에는 순조로워 보이지만, 한번 암초에 부딪히면 궁지에 몰리거나 재미없는 결과물이 나오기도 한다. 기업의 다양성은 혁신과 직결된다는 이야기도 **왼손잡이와 오른손잡이가 만나 창조적인 마찰을 일으킬 수 있는가**와 관련이 있지 않을까?

⌑ '업계'의 사고방식부터 비틀어본다

자신이 기획하고자 하는 상품이나 서비스가 속한 '업계'의 경쟁사들에게 특정한 경향이 있을 때는 방향을 완전히 뒤집어보는 것도 좋다. 예를 들어 화장품업계는 뭐든 고객에게 묻고 조사하려는 경향이 강하다면, '인사이트(I)를 우선시하는 경향이 강하다'고 바꿔 말할 수 있다. 그렇다면 반대로 비전(V)이나 선입견(B)에서 출발하는 경로를 선택하기만 해도 참신한 컨셉을 찾을 수 있을지도 모른다.

'보통 이 영역은 이렇게 생각하는 것이 정석'이라면 그 정석마저 의심하고 전략적으로 방향을 틀어보는 것이다. 그것만으로도 선입견을 꿰뚫어 볼 가능성이 높아진다.

컨셉을 골라내는 방법

▛ 일단 써보자

이제 드디어 컨셉을 정해볼 차례다. 3장에서 컨셉의 다양한 형태를 소개했는데, 여기서는 '말'로 쓰는 방법을 소개하려 한다.

컨셉은 정답이 정해져 있지 않으니 계속 생각만 하다가는 끝이 나지 않는다. 출제 범위가 정해져 있는 시험공부와는 다르므로 모든 과정에서 끊임없이 모양을 매만져가며 진행해야 한다.

그렇다면 모양을 만든다는 말은 어떤 형태를 빚는다는 뜻일까? 바로 **'제안'이라는 형태로 글을 쓴다는 이야기다.**

만나러 갈 수 있는 아이돌, 직접 만나보고 싶지 않으신가요?

밖으로 나가고 싶어지는 스마트폰 게임, 해보고 싶지 않은가요?

당신에게 제3의 장소가 되어주는 카페, 가보지 않으시겠습니까?

컨셉이 제 역할을 하는 상태란 이처럼 '누군가에게 매력적인 권유'가 될 때를 가리킨다. 따라서 제안하는 문장을 염두에 두고 말로 표현해보자. **'한마디로 상대에게 이 기획을 권한다면 뭐라고 말할지'** 를 생각해서 글로 쓰면 된다.

200

이때 '상대'란 누구를 가리키는지도 되도록 구체적으로 떠올리며 써야 한다. 앞에서 이야기했듯이 "20대 여성"처럼 막연한 설정이 아니라 "여드름 때문에 고민하는 조카"처럼 상대를 선명하게 상상해야 한다. 상품이나 서비스의 컨셉이라면 실제로 고객이 될 사람을, 조직이나 팀의 컨셉이라면 그 조직과 팀의 구성원을, 행동이나 새로운 사회 통념의 컨셉이라면 사회를 구성하는 주된 구성원을 상상하자.

앞서 살펴보았듯이 컨셉은 광고 카피와 다르니 표현에 지나치게 공을 들이기보다는 컨셉을 전달하고 흥미를 유발하는 것이 무엇보다 중요하다. 상품의 세세한 정보나 사양까지 전달할 필요는 없고, 대략 **'어떤 가치를 전하는 기획인지'가 온전히 담겨 있고 '고객의 긍정적인 흥미를 불러일으키는지'가 중요하다.** 설명이 아니라 '새로운 흥미 유발'에 중점을 두고 생각해보자.

팀의 구성원, 상사, 거래처 등 '우리'에 속하는 사람들에게도 '매력적인 권유'가 되는지 고려하면 좀 더 쉽게 떠올릴 수 있다.

"만나러 갈 수 있는 아이돌, 직접 만나보고 싶지 않으신가요?"
= 상대를 향한 제안

+

"만나러 갈 수 있는 아이돌을 만들어보려고 하는데, 함께하지 않으실래요?"
= 기획자의 동료를 향한 제안

이렇게 내부와 외부 모두에게 매력적으로 느껴지는 컨셉이라면 더욱 좋다. 하나부터 열까지 기획자 혼자만의 힘으로 완수할 수는 없는 이상 '동료를 끌어모으는 매력'도 컨셉에는 꼭 필요하니 양쪽 모두를 고려해서 모양을 만들어보자.

⬛ 먼저 B·I·V

"회사나 업계의 기존 상식을 뛰어넘는 제안인가?"

"타깃의 인사이트에 부응하는 제안인가?"

"이 기획을 실현했을 때 이상적인 사회가 조금 더 가까워지는가?"

역시 이 세 가지 원칙이 기본이다.

선입견(B)만 있다면 '사실 아무도 원하지 않는 단순한 역투자'가 될 테고, 인사이트(I)만 있다면 '이미 있거나 혹은 생각은 했지만 아무도 하지 않은 이유가 있는 기획'이 될 가능성이 높다. 그리고 비전(V)만 있으면 '열렬한 헛손질'이 될지도 모른다. 강력한 돌파구가 될 요소는 필요하니 다소 치우치는 정도는 물론 괜찮다. 하지만 다른 두 가지 관점이 완전히 결여되어 있다면 개선의 여지가 많다고 보아야 한다.

⬛ 선입견이 빈약할 때는

세 가지 요소 중 선입견(B)이 빈약하다는 것은 '유사한 다른 기획과 큰 차이가 느껴지지 않는' 상황을 가리킨다. 만약 정말 그렇다면 세상에 내놓더라도 "비슷한 건 얼마든지 있으니 굳이 이게 아니어도 되지 않나?" 하고 무시당할 가능성이 높다. 그렇게 되지 않으려면 우선 '비슷한 제안을 하는 상품이나 서비스가 정말 존재하지 않는지' 다시 한번 돌아보는 것이 좋다. 여기서 주의해야 할 점은 '초콜릿의 경쟁 상품은 초콜릿만이 아니라는 점'이다.

초콜릿의 경쟁 상품은?

- 초콜릿 (상품이 동일함)

    ↓

- 제과류 전체 (범주가 동일함)

    ↓

- 휴식 시간을 보내는 모든 방법 (상대에게서 얻어내려 하는 자본이 동일함)

경쟁 상대란 이처럼 기획자 본인이 '가까운 범주'라 여기는 대상뿐만 아니라 '상대의 욕구를 중심으로 펼쳐지는 풍경'에 따라 결정된다.

한 영화 배급사와 프로젝트를 진행할 때, 젊은 세대가 영화관을 찾지 않는 진짜 이유를 파악하기 위해 조사에 나섰다. 그때 인터뷰에서 한 고등학생이 이런 말을 했다.

"두 시간이나 스마트폰 못 만지는 게 제일 힘들어요."

영화와 스마트폰이 '시간이라는 자본의 사용법을 둘러싼 경쟁'이라는 하나의 쟁반 위에서 경쟁 관계를 이루고 있었던 것이다. 다른 영화 엔터테인먼트 회사와 차별화해야 한다는 고정관념에 빠져 있던 담당자는 '전혀 예상치 못한 방향에서 경쟁이 벌어지고 있음을 깨달았다'고 말했다.

컨셉은 사람의 '인식'을 움직이기 위한 존재이므로 역시 사람의 인식을 바탕으로 경쟁 환경을 들여다보아야 한다. 업계의 구분이나 회사 안의 부서 구분 또는 가게의 판매대 경쟁 같은 사고방식만으로는 놓치기 쉬운 포인트다.

조금 전에 초콜릿 이야기를 했는데, 제과업계에서는 실제로 '언제든 스마트폰을 마음껏 만지고 싶으니 손에 묻지 않는 과자가 좋다'는 목소리를 고객의 일반적인 의견으로 받아들이고 있다고 한다. 이처럼 **어디에서 '욕구를 두고 다툴 상대'**

가 나타날지 모른다는 점을 꼭 염두에 두도록 하자.

반대로 경쟁에 대한 인식이 오래전부터 단단히 굳어져 있는 업계에서는 예상치 못한 방향으로 새로운 제안을 하는 컨셉을 만들면 큰 효과를 볼 수 있다.

이렇게 다시 주변을 둘러본 결과 비슷한 제안이 있다면 아직 선입견을 제대로 극복하지 못했을 가능성이 높다. 이때 찾아낸 유사한 기획들은 '어떤 선입견 안에 머물러 있는 기획인지' 다시 한번 생각해보자.

혹은 과거에는 비슷한 기획이 있었지만 어떤 이유에서인지 지금은 더 이상 존재하지 않는 경우도 있다. 그럴 때는 그 상품이나 서비스가 '왜 지속되지 않고 끝나버렸는지' 생각해보는 것도 좋다. 자신의 기획은 '지속되지 않은 이유'를 극복할 수 있는 제안인지, 지속되지 않은 배경에는 어떤 선입견이 있었는지, 그렇다면 그것을 어떻게 극복해야 할지 끝까지 파고들어보자.

선입견을 뛰어넘은 기획들에는 반드시 찬반양론을 불러일으킨다는 공통점이 있다. 너무나 순조롭게 모든 사람이 동의했다면, 어쩌면 사람들의 머릿속에 있는 고정관념을 조금도 자극하지 못했다는 뜻일지도 모른다. 지금까지의 가치관이나 상식으로 바라보았을 때 어색함, 의문, 불만, 답답함이 느껴졌다면 그것이야말로 '선입견의 표면을 건드리는 컨셉'이라는 증거다. 그러니 거센 풍파를 일으키는 컨셉을 노려보자.

▜ 인사이트가 빈약할 때는

인사이트(I)가 빈약한 원인은 '회의실 안에서만 생각해서'일 때가 많다. 기획자의 사정, 형편, 핑계만 가지고 컨셉을 손질하는 것은 결국 상대방이 존재하지 않는 상태와 다름없다. 그럴 때는 상대방을 만나러 가면 된다. 사람들을 파악하는 수단은 무수히 많고 얼마든지 새로운 조사 방법을 발명할 수도 있다. 인사이트에 관한 부분으로 돌아가서 다시 한번 살펴보자.

다만 인사이트가 빈약한 근본적인 원인은 단순히 '상대방에 대한 정보가 부족해서'가 아니다. 그보다 '컨셉을 만드는 과정에서 상대방의 존재감이 지나치게 약한' 의식의 문제일 때가 많다. 제프 베이조스는 과거 아마존에서 회의실에 여분의 의자를 하나 가져다 두고 직원들로 하여금 거기에 가장 중요한 인물, 즉 '고객'이 앉아 있다고 생각하게 했다고 한다.

애초에 이 기획은 '누구를' 돕기 위해 혹은 기쁨을 주기 위해 시작했을까? 비전(V)의 발단과도 이어지는 이러한 '의식 속 고객의 존재감'을 높이기 위해서도 제 발로 직접 나서 고객의 존재를 느끼는 것이 중요하다. 여기서 '누구'란 '20대 여성'처럼 막연한 집단이 아니라 '실제로 존재하며 이름이 있는 누군가'가 되어야 한다. 이 기획으로부터 시작되는 이야기의 '주인공'을 직접 만나러 가보자.

🏳 비전이 빈약할 때는

어쩌면 우리는 기획을 '성립하는' 데 의식이 지나치게 쏠려 있을지도 모른다. 그럴 때 경계를 늦추지 않도록 내가 늘 마음속에 담아두는 글을 잠시 소개한다.

'무언가'를 만들 때
빠지기 쉬운 착각은

'정리'가 일이라고 생각하는 것이다.

뭔가를 '정리하기'란 자못 어렵다.

하지만 '정리'는

가치나 매력을 만드는 일은 아니다.

사람들이 좋다며 기뻐하는 이유는

가치나 매력이 있기 때문이다.

"와, 정리를 잘해놔서 참 좋네"

라고 기뻐하는 경우는 거의 없다.

역시 '멋진' 것이 돈이 된다.

'정리해야' 하는 일도 물론 있지만

'정리' 그 자체가 가치라고 생각하거나

일이라고 생각하지는 않는 것이 좋다.

여기저기를 둘러보라. 정리의 결과가

거리에 (그리고 창고에) 넘쳐나고 있으니.

– 이토이 시게사토, 『두 번째 공 같은 말(ふたつめのボールのようなことば。)』 중에서

지금까지 이야기한 바와 같이 좋은 컨셉을 연마하기 위해 많은 것을 생각하고 헤아려야 한다는 점은 옳다. 그러나 너무나 많은 변수 탓에 '잘 정리해서 완성해야 한다'는 생각으로 머릿속이 가득 차서 정작 '정말 훌륭한 제안이 맞는가?'라는 핵심에는 소홀해지기 쉽다. 왠지 일을 정리하고 처리하는 데만 급급하고 있다는 생각이 든다면, 비전으로 다시 돌아가서 생각해보면 어떨까?

그뿐만 아니라 자신이 마음속에 품고 있는 문제의식이나 의지에 비해 **기획의 컨셉이 지나치게 하찮아 보여 자신감을 잃는** 사람도 적지 않다.

- 세계 평화에 이바지하고 싶은데, 이렇게 보잘것없는 팟캐스트로도 괜찮은 걸까?
- 아이들이 창의성을 더 자유롭게 펼칠 수 있도록 돕고 싶은데, 이런 영상 하나를 공개한다고 정말 의미가 있을까?
- 모든 부모와 아이 그리고 가족을 웃게 해주고 싶다면서 이런 손 세정제 하나 가지고 뭘 할 수 있을까?

실제로 많은 기획자가 자신의 비전과 실제로 진행하려 하는 기획 사이의 간극을 느낀다. 그 간극을 보고 "비전은 그저 비전이지" 하고 옆으로 제쳐두었다가 결국 '정리'에만 정신이 팔리거나, "이런 일을 해봤자 세상은 바뀌지 않겠지" 하고 의욕을 잃는 것도 그만큼 진지하게 고민한 사람이라면 누구나 한 번쯤 지나는 길이 아닐까 싶다.

아무리 멀어도, 마치 나비효과처럼 간접적인 관계밖에 없더라도, '그 길은 틀림없이 비전과 연결되어 있다'고 생각할 수 있는지가 중요하다. 비전으로 이어진다는 믿음이 있다면 정말로 '성대한 도미노의 첫 번째 패를 툭 밀어 쓰러트리는' 기획이 될 수 있지 않을까?

세상에는 처음부터 완벽한 자원으로 단번에 해답을 내놓을 수 있는 경우가 더 적다. 이상적인 팀이나 프로젝트일수록 작은 방해나 과도한 기대치 탓에 오히려 실패로 끝나버리기도 한다. 역사가 이를 증명한다.

세계유루스포츠협회의 사와다 도모히로 대표도 "빅 마우스, 스몰 액션(Big mouth, small action)"이라는 말로 이와 비슷한 이야기를 했다. 컨셉은 곧 담대한 뜻을 작은 행동으로 연결하기 위한 연결부라고도 할 수 있다. '큰 행동'에 얽매여 옴짝달싹 못 하게 되지 않도록 늘 생각을 가뿐하게 유지하자.

▐ 컨셉을 갈고닦기 위한 체크리스트

먼저 B·I·V로 되돌아가 살펴보아야 하지만, "도구로써 쓸모가 있는 컨셉인가?" 라는 생각 역시 더 좋은 컨셉을 만드는 데 도움이 된다.

여기서 확인하는 효과는 2장에서 소개한 '지침'과 '즐거움'을 토대로 한 항목으로, 실제로 컨셉을 사용하기 전에 시뮬레이션하며 생각해보는 방식이다.

모든 항목에서 만점을 얻기란 어렵고 이 책에서 사례로 소개한 컨셉들도 100점은 많지 않을 것이다. 중요한 것은 전체를 돌아보고 '어떤 부분이 좋고 어떤 부분에 변화의 여지가 있는지 파악한' 다음 '그 점을 컨셉의 특징으로 볼지 개선할 부분으로 볼지 검토할 수 있게 만들어두는 것'이다.

특징을 제대로 파악한 다음 컨셉을 채택하면 "이 컨셉은 본래 번뜩이는 아이디어에 가치가 있었으니 오래 지속될지는 미지수다"라고 판단하듯이 도구의 특징을 제대로 '알고 사용할 수' 있다. 그러니 꼭 한번 시뮬레이션을 해보자.

체크리스트

굳어지는가?

□ 해석의 폭을 적절히 좁힐 수 있을 만큼 구체적인가?

□ 어떤 척도로 바꾸어 생각할 수 있는가?

번뜩이는가?

□ '질문'의 형태로 글을 변환할 수 있는가?

□ 기획에서 생각해야 할 범위를 좋은 형태로 좁힐 수 있는가?

두드러지는가?

□ 다른 비슷한 기획이 아니라 '꼭 이것이어야 한다고' 말할 수 있는 기획인가?

□ '해야 하는 일'과 '해서는 안 되는 일'의 판단 기준이 될 수 있는가?

모여드는가?

□ 간결하고 누구에게나 쉽게 전할 수 있는 형태인가?

□ 어떤 사회에서 현재 상황을 좋은 방향으로 이끌 수 있는 제안인가?

지속되는가?

□ '자신'이나 '자사'가 그 일을 할 수밖에 없는 특별한 이유나 사연이 있는가?

□ 트렌드에 좌우되지 않는 보편적인 인간의 욕구에 부응하는가?

즐길 수 있는가?

□ 기존의 발상으로는 생각조차 하지 못할 새로운 아이디어가 떠오르는가?

□ 이 컨셉으로 기획을 할 때 마음이 두근두근 설레는가?

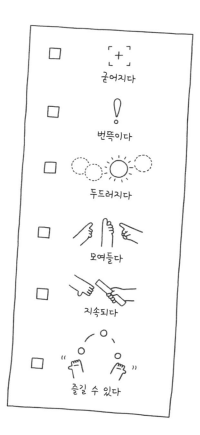

☐ 굳어지다

☐ 번뜩이다

☐ 두드러지다

☐ 모여들다

☐ 지속되다

☐ 즐길 수 있다

🎴 다른 사람에게 보여주자

체크리스트로 컨셉을 손질하는 과정은 모두 '자신의 머릿속'에서 이루어진다. 그러므로 정말로 효과적인 컨셉인지 확실하게 검증하고 싶다면, 컨셉을 찾는 데 관여하지 않은 제3자에게 보여주는 것이 좋다. 그중에서도 **'그 기획에서 타깃으로 정해둔 사람이나 타깃에 가까운 존재'일수록 좋다.**

사실 가장 먼저 보여줘야 할 사람은 '가장 가까운 동료'다. 스튜디오 지브리의 미야자키 하야오 감독도 맨 먼저 프로듀서인 스즈키 도시오에게 작품의 줄

거리를 들려주고 의견을 묻는다고 한다. 동료가 고개를 저으면 기획이 세상에 나와 성공하느냐 마느냐 이전에 함께 기획을 완성할 사람이 동조하지 않을 테니 이는 매우 중요한 과정이다.

미야자키 하야오 감독에게는 스즈키 도시오 프로듀서가 있듯이, **자신의 생각을 정확히 판단해줄 수 있는 믿음직한 동료의 유무는 사실 컨셉 만들기의 중요한 요소다.** 한두 명이어도 좋으니 의지가 되는 사람, 뜻을 함께할 수 있는 사람을 자신의 '현자'로 삼는 것이 좋다. 현자란 유명한 사람일 필요도, 베테랑일 필요도 없다. 해외에서는 경영자가 자신보다 20살, 30살이나 어린 조언자를 여러 명 지정해두는 경우도 드물지 않다. 혼자만의 판단으로는 지키기 어려운 객관성을 유지하고 새로운 관점으로 의견을 주는 것이 현자의 역할이 아닐까.

조금 더 난이도를 높여서 **보여주는 상대의 '바른손'이 어느 쪽이냐에 따라 컨셉을 다른 방식으로 설명하며 검증하는 방법**도 있다. 예를 들어 현자가 비전을 먼저 생각하는 'V손잡이'라면 컨셉을 설명할 때도 비전에 관한 부분부터 이야기하는 것이다. 어떤 성향의 사람에게 어떤 식으로 설명하면 컨셉의 본질이 더 또렷하게 전달되는지도 검증할 수 있어서 실제로 공식 홍보 자료나 자사 매체 또는 상품 설명서 등에서 어디에 중점을 두어야 할지도 확인이 가능하다.

🔖 마지막은 끊임없는 시행착오

나머지는 계속 반복하며 "바로 이거다!" 싶은 돌파구를 찾는 일뿐이다. 이것만은 지름길도 정답도 없으니 시행착오를 거듭하며 발버둥 치는 수밖에 없다. 다만 벽에 부딪혔을 때 도움이 되는 비결 하나를 소개하려 한다. **'생각하는 방식을**

강제로 바꾸는 방법'이다.

예를 들어 말로 생각하다가 막혔을 때는 그림이나 도식 또는 이야기로 생각해보는 것이 좋다. 도식으로 정리하다가 막혔다면 억지로 말로 정의해본다. 이렇게 '자연스럽게 생각했을 때 나오는 방향'을 일부러 봉인하고 강제로 다른 발상을 스스로에게 부여하는 것이다.

말로 생각하면 말로 떠올리기 쉬운 발상이 나오고 도식으로 생각하면 도식으로 떠올리기 쉬운 발상이 나오니 자연히 선입견에 사로잡히기도 한다. 만약 10시간에 걸쳐 말로 생각했다면 수식이나 도표로 10시간, 그림과 도식으로 10시간 등, 같은 시간 동안 다른 방식으로 생각하는 것이다. 처음에는 익숙하지 않은 만큼 답답하고 더디게 느껴지겠지만, '지지부진한 느낌'이야말로 고정관념의 경계선을 벗어날 때 나타나는 감각이다.

생각의 도구를 바꾸는 것도 이와 비슷한 의미로 효과적이다. 컴퓨터로만 내용을 정리했다면 펜을 들고 노트에 자유롭게 생각을 적어본다든지, 키보드를 두드리며 생각했다면 아이패드의 펜슬로 바꿔본다든지 말이다. 너무 컴퓨터 모니터만 들여다보고 있다는 생각이 들 때는 화면을 끄고 다른 사람과 브레인스토밍을 해보는 것도 좋다. 생각은 때로 도구에 따라 크게 좌우되니 단순한 기분 전환이라 여기며 얕보지 말고 적극적으로 도구를 바꿔보자.

이왕 컨셉을 갈고닦을 생각이라면 지금껏 이 기획을 고민해온 '기획자인 자신의 이 기획에 대한 선입견'을 찾아 극복해야 의미가 있지 않을까? 그러려면 잠시 '편안함과 익숙함에서 벗어나야' 한다. 편안하게 타성에 몸을 맡기지 말고 '막혔을 때 시도해보아야 할 자신만의 행동 리스트'를 마련해두자.

▚ 생각뿐만 아니라 느낌도 한껏 활용하자

이제 어떻게 컨셉을 찾아야 하는지 감이 오는가? 이 책을 집필할 때 내가 생각하는 '컨셉의 달인'들을 만나 인터뷰했는데, 예상외로 컨셉을 만들려고 마음먹고 만든 적은 없다고 대답한 사람이 많았다.

컨셉이 뭔지 생각해봤자 소용이 없다는 뜻이 아니라, '다른 틀을 의식하며 생각했더니 결과적으로 컨셉도 만들어졌다'는 느낌에 가깝다. 컨셉은 대상만 따로 떼어놓고 생각해서 만드는 것이라기보다는 **대상의 미래를 지금과 다른 이상으로 이끌기 위해 사고하는 과정에서 맺어진 결실**'일지도 모른다.

따라서 아무리 해도 컨셉이 보이지 않을 때는, 역설적으로 들리겠지만 '컨셉 그 자체를 생각하는 일'에서 잠시 벗어나는 것이 좋다. 일단 B·I·V로 되돌아가 몇 번이고 컨셉(C)을 다시 생각하다 보면 머리에 느낌표가 떠오르는 순간이 여러분에게도 찾아올지도 모른다.

제4장의 내용 요약

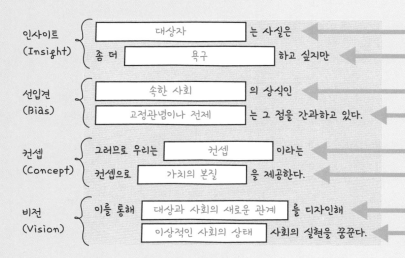

인사이트
(Insight)

대상자 는 사실은
좀 더 욕구 하고 싶지만

선입견
(Bias)

속한 사회 의 상식인
고정관념이나 전제 는 그 점을 간과하고 있다.

컨셉
(Concept)

그러므로 우리는 컨셉 이라는
컨셉으로 가치의 본질 을 제공한다.

비전
(Vision)

이를 통해 대상과 사회의 새로운 관계 를 디자인해
이상적인 사회의 상태 사회의 실현을 꿈꾼다.

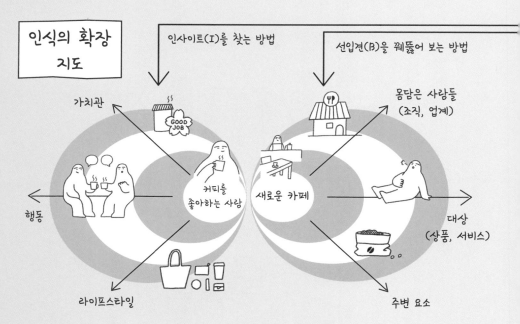

인식의 확장
지도

인사이트(I)를 찾는 방법

선입견(B)을 꿰뚫어 보는 방법

가치관

GOOD JOB

몸담은 사람들
(조직, 업계)

행동

커피를
좋아하는 사람

새로운 카페

대상
(상품, 서비스)

라이프스타일

주변 요소

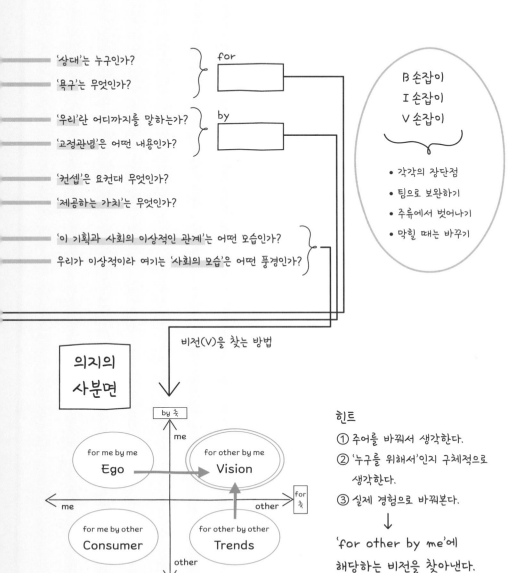

'상대'는 누구인가?
'욕구'는 무엇인가?
} for [ ]

'우리'란 어디까지를 말하는가?
'고정관념'은 어떤 내용인가?
} by [ ]

'컨셉'은 요컨대 무엇인가?
'제공하는 가치'는 무엇인가?

'이 기획과 사회의 이상적인 관계'는 어떤 모습인가?
우리가 이상적이라 여기는 '사회의 모습'은 어떤 풍경인가?

β 손잡이
I 손잡이
V 손잡이

• 각각의 장단점
• 팀으로 보완하기
• 주류에서 벗어나기
• 막힐 때는 바꾸기

비전(V)을 찾는 방법

의지의
사분면

by 축

me

for me by me
Ego

for other by me
Vision

me   other   for 축

for me by other
Consumer

for other by other
Trends

other

힌트
① 주어를 바꿔서 생각한다.
② '누구를 위해서'인지 구체적으로
   생각한다.
③ 실제 경험으로 바꿔본다.
↓
'for other by me'에
해당하는 비전을 찾아낸다.

- 마치 운동 신경처럼 '감각을 익히는' 것이 컨셉을 선정하는 기본적인 자세다.

- 선입견(B)을 꿰뚫어 보려면 '대상의 축', '몸담은 사람의 축', '주변 요소의 축'으로 시야를 넓혀야 한다. 거기에 '시간 축'을 더해 '인식의 변천'을 파악하고 기존의 상식을 뒤집는 아이디어를 떠올린다.

- '선입견이 담긴 말을 포착하고' '일부러 반대 방향에서 살펴보고' '내면에 다양성을 지녀' 선입견이 존재하는 '안과 밖의 경계선'을 찾는다.

- 인사이트(I)를 찾으려면 '행동의 축', '가치관의 축', '라이프스타일의 축'으로 시야를 넓혀야 한다. 더불어 '시간 축'을 적용해 '시대의 정서'까지 파악한다.

- '반드시 이것이어야만 하는 이유'를 끝까지 파고들어서 인사이트를 한층 더 선명하게 만들 수 있다.

- '명사가 아니라 동사로 생각하고' '자신만의 렌즈를 연마하고' '다른 사람의 렌즈를 빌리는' 등 다양한 힌트를 바탕으로 본인도 아직 깨닫지 못한 욕구의 윤곽을 파악한다.

- 선입견(B)과 인사이트(I)를 한데 합친 '인식의 확장 지도'를 레이더처럼 사용해서 딜레마를 발견한다.

- 비전(V)을 찾으려면 자신의 생각을 'for other by me'로 발전시켜야 한다.

- B·I·V는 어느 것부터 먼저 생각하든 괜찮지만, 자신과 동료 그리고 업계가 어떤 '방향'으로 사고하는지를 파악해야 한다.

- 좋은 컨셉을 찾으려면 무엇보다도 B·I·V 각각의 힘이 중요하다. 나머지는 '일단 쓰기', '손질하기', '다른 사람에게 보여주기' 등 얼마나 많은 시행착오를 거듭하느냐에 달려 있다.

SENSE of

제 5 장

컨셉으로
한바탕 놀자!

컨셉 사용법

내 직업을 대략적으로 설명하자면,
아직 장르를 이루지 못했거나 큰 분류는 있지만
세세하게 구별되어 있지 않은 무언가를 눈여겨보고
살짝 비틀어 새로운 이름을 붙이고
다양한 장치를 통해 세상에 알리는 것이다.

- 미우라 준, 『없는 일을 만드는 방법(ない仕事の作り方)』 중에서

CONCEPT

좋은 나침반을 만들었다면

남은 것은 나침반의 바늘을 믿고 '이곳이 아닌 어딘가'로 출항하는 일뿐이다.

반대로 말하면 나침반만 계속 바라보아도

아무것도 시작되지 않는다는 뜻이다.

이제부터가 시작이다.

실제로 '컨셉을 사용한다'는 것은

어떤 상황에서 어떤 일을 한다는 뜻일까?

컨셉이 완성된 '이후'의 이야기를

앞으로 생각해보자.

컨셉에 맞추어 조화를 이루자

▗ 더 이상 헤매지 않으니 '마음껏 헤맬 수 있다'

드디어 컨셉이 정해졌다!

하지만 그건 기획의 끝은커녕 이제 막 출발선을 그은 단계에 불과하다. **이제 '컨셉 기반의 기획'을 본격적으로 시작할 때**다. 잘 손질한 컨셉이 실제로 활약하는 단계, 즉 '이곳이 아닌 어딘가'를 만드는 단계다.

기획을 구성하는 요소 가운데 컨셉의 영향을 받는 요소는 구체적으로 무엇이 있을까? 정답은 **'기획을 구성하는 모든 요소'**다.

'기업의 컨셉'이라면 사업, 상품, 서비스는 물론 인사 제도, 채용 기준, 중기 경영 계획, 조직 설계부터 사무실의 인테리어, 봉투 디자인, 심지어 사장의 정장과 넥타이의 색까지 모두 범주에 들어간다.

'상품이나 서비스의 컨셉'이라면 주요 성능은 물론 이름, 패키지 디자인, 광고 카피, 매장, 영업할 때 강조할 포인트 그리고 가격 설정까지 모조리 포함된다.

이처럼 기획을 구성하는 모든 요소가 컨셉의 영향을 받는다. 물론 모든 변수가 컨셉 그 자체라 느껴질 만큼 컨셉의 색이 짙게 드러날 필요는 없다. "딱 들어맞는구나!" 싶은 변수도 있는가 하면 "그런 느낌이구나" 싶은 변수도 있듯이 요소마다 농도가 다르다. 다만 처음부터 컨셉을 완전히 무시해도 되는 요소는 없다.

한편 '컨셉을 내걸었다고' 해서 기획이 알아서 좋아지는 것은 아니다. 변수 하나하나를 꼼꼼히 컨셉에 맞게 설계해야 기획 전체가 컨셉과 조화롭게 어우러 지고 결과적으로 '눈에 띄게' 된다.

한마디로 '기획'이라 말해도 실제로는 많은 변수의 집합체다. 정성껏 변수를 하나하나 컨셉에 비추며 다시 구축해야만 다른 사람이 쉽게 흉내 낼 수 없는 고유한 분위기가 깃든다. 그리고 그것이 기획에 '왠지 모르게 좋은' 느낌을 더해 준다.

다양한 변수를 컨셉에 맞추어 조정할 때는 전체의 겨냥도라 할 수 있는 **'컨셉 만다라'**를 작성하는 것도 도움이 된다. 기획 전체가 컨셉에 맞추어 조화를 이루 고 있는지 쉽게 파악할 수 있다.

컨셉 만다라

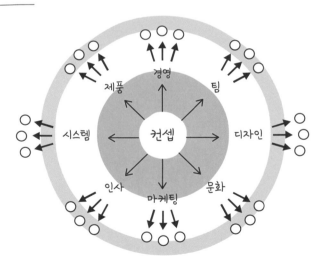

▚ 명칭이 바뀌고 의식이 바뀌고 내용이 바뀐다

컨셉은 구체적으로 그런 변수들에 어떤 영향을 줄까? 바로 **상대에 해당하는 사람이나 사회의 '인식', '척도', '결정'에 영향을 미친다.** 컨셉을 바탕으로 생각했을 때 그 변수는 '무엇인지', '좋고 나쁨은 어떻게 판단하는지', '그렇다면 어떻게 행동할지'. 이렇게 인식, 척도, 결정을 크게 뒤흔들면 뒤흔들수록 컨셉이 '새로운 인식'을 낳는다고 볼 수 있다.

예를 들어 디즈니랜드에서는 테마파크에서 일하는 직원들을 '캐스트'라는 이름으로 부른다. 꿈과 마법의 나라라는 컨셉에 따라 생각하면, 캐스트라는 명칭은 공원의 모든 요소가 무대의 구성 요소이며 직원들도 단순히 자신의 업무를 수행하는 것이 아니라 '무대 위의 출연자 중 한 명'으로서 행동해야 한다는 발상에서 비롯된 셈이다.

그중 청소를 담당하는 직원은 '커스토디얼 캐스트'라고 부른다. '커스토디얼(custodial)'이란 뭔가를 '유지한다'는 뜻이다. 컨셉에 따라 생각하면 '꿈과 마법이 깨지지 않도록 유지하는 역할'이라고 말할 수도 있다.

테마파크의 환경이 지저분하면 실제로 위생적이지 못할 뿐만 아니라 '꿈과 마법의 세계에 젖어 있는 고객들의 흥을 깨트려버리는' 인식의 문제를 불러일으킨다. 다시 말해 '컨셉이 무너지는' 사태가 벌어지는 것이다. 단순히 위생을 유지하는 일에서 머무르지 않고 컨셉을 바탕으로 "꿈과 마법을 보존해야 한다"라는 의식까지 고려함으로써 디즈니랜드다운 개성과 분위기를 지켜냈다.

그뿐만 아니라 커스토디얼 캐스트 중에는 '펀(fun) 커스토디얼'이라 불리는 직원도 있다. 팬터마임을 선보이거나 물에 적신 솔로 바닥에 미키마우스 그림을 그려 고객에게 즐거움을 주는 이들이다. 꿈과 마법을 유지하는 것뿐만 아니라

'마법을 덧씌우는' 역할까지 하는 것이다.

기능과 비용만 헤아리는 사람은 "그럴 시간에 청소나 더 하지" 혹은 "노동 시간을 단축해서 인건비를 줄이는 게 낫지 않을까?"라고 말할지도 모른다. 하지만 컨셉을 토대로 생각하면 누구나 중시하는 '비용과 매출을 바탕으로 한 이론'에만 치우치지 않고 '때로는 이익이 조금 줄더라도 남다른 매력을 가진' 기획을 만들 수 있다.

디즈니랜드의 '컨셉'

꿈과 마법의 나라

↓

컨셉을 토대로 바꾸어야 할 변수

꿈과 마법의 나라의

- 놀이기구는 어떠해야 할까?
- 퍼레이드는 어떠해야 할까?
- 식사는 어떠해야 할까?
- 동선은 어떠해야 할까?
- 인테리어는 어떠해야 할까?
- 입지는 어떠해야 할까?
- 직원은 어떠해야 할까?

↓

이를테면 '직원'이라는 '변수'는 어떻게 바꿔야 할까?

꿈과 마법의 나라에서 일하는 직원은

'꿈과 마법을 유지하고 강화하는 무대의 출연자 중 한 명이어야' 한다.

↓

- '명칭'에 대한 아이디어 = '직원'이 아니라 '캐스트'
- '의식'에 대한 아이디어 = '내가 할 일만 하면 그만'이 아니라 캐스트 한 명 한 명 이 표현의 요소가 되어 '꿈과 마법의 나라'를 한층 생생하게 만든다.
- '내용'에 대한 아이디어 = 청소로 테마파크의 '마법'을 유지하고 때로는 고객에게 색다른 즐거움을 선사하여 더 깊은 꿈과 마법을 선물한다.

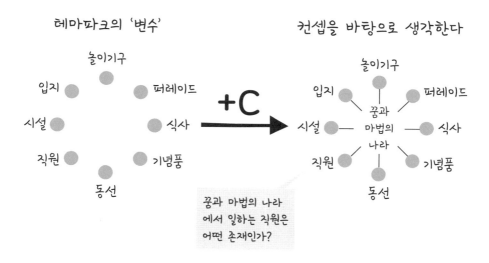

이런 예시처럼 '명칭', '의식', '내용'은 컨셉에 비추었을 때 달라지는 대표적인 변수다.

- 기획을 구성하는 변수를 떠오르는 대로 모두 적어본다.
- 변수들을 '컨셉에 따라 설계한다'.
- 그런 다음 '명칭', '의식', '내용'이 지금보다 좋아지는지 컨셉을 바탕으로 생각해본다.

이 세 가지 모두를 반드시 컨셉에 맞추어 새롭게 바꾸어야 하는 것은 아니며 그 밖에도 개선할 수 있는 항목이 있다. 다만 이 세 가지 항목은 각각 다음과 같은 형태로 1장에서 소개한 '현실과 인식의 순환 모델'과 짝을 이룬다.

- '명칭'이 바뀌면 "그 변수는 무엇인가?"라는 '인식'이 바뀐다.
- '의식'이 바뀌면 "좋고 나쁨을 무엇으로 판단하는가?"라는 '척도'가 바뀐다.
- '내용'이 바뀌면 "어떤 판단을 내려야 하는가?"라는 '결정'이 바뀐다.

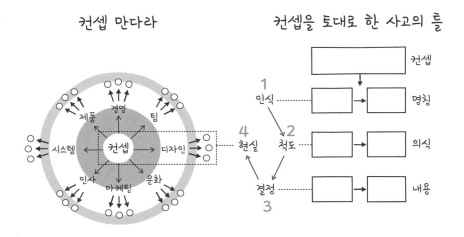

예를 들어 팝콘을 쏟아 엉엉 우는 아이가 눈앞에 있을 때 '청소 담당자'는 팝콘을 치우는 일이 역할의 전부일지도 모른다. 하지만 '캐스트'라면 '우는 아이에게 다시 웃음의 마법을 거는 일'도 역할에 포함되지 않을까?

날마다 우리가 하는 일 하나하나와 거기서 벌어지는 무수히 많은 의사 결정이 기획을 구성하고 '컨셉의 구현'으로 이어진다. 일을 할 때 모든 결정을 사장과 상의하고 내릴 수는 없다. 수없이 많이 그리고 빠르게 반복되는 **각각의 변수와 종**

사자의 '인식', '척도', '결정'을 컨셉에 따라 '이 기획만의 형태'로 조금씩 바꿔나가야만 2장에서 말했듯이 '두드러지는' 기획을 만들 수 있다.

"컨셉이란 결국 그럴듯해 보이게 만들려고 마지막에 붙이는 표어 같은 거 아닌가요?"

이런 의견에 대해 아니라고 말할 수 있는 가장 큰 근거도 여기에 있다.

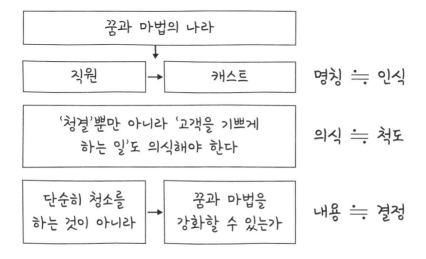

🗂 부모 컨셉, 자녀 컨셉, 손주 컨셉

하지만 어떻게 해야 근본적인 컨셉과 연결할 수 있을지 방법이 떠오르지 않는 변수도 있다.

이를테면 디즈니랜드에는 '급수대'가 많이 설치되어 있는데, 이 변수와 관련해서 "꿈과 마법의 나라에 있는 급수대란 어떤 모습이어야 할까?"라고 궁리한다면 어떨까? 막연하고 어렵게 느껴지지 않는가? 무지개가 나온다? 색색의 물이

나온다? 반짝반짝하는 효과음이 나온다?

이런 방법도 가능은 하겠지만, 왠지 모르게 '아닌 듯한' 느낌을 지울 수 없다. 그럴 때는 **'자녀 컨셉'이나 '손주 컨셉'을 토대로 생각해보는 것도 좋다. '부모 컨셉'을 조금 떼어내 범위를 좁혀서 해석하는 것이다.**

실제로 디즈니랜드의 급수대에는 유명한 일화가 있다.

디즈니랜드에 있는 급수대는 왜 어린이용과 어른용이 서로 마주 보고 놓여 있을까? 아이가 어른의 시야에서 벗어나지 않도록 하기 위해서라는 이야기가 많지만, 월트 디즈니는 이유를 이렇게 설명했다.

"매점까지 가지 않고 급수대에서 물을 마신다는 건 고객이 그만큼 목이 마르다는 증거입니다. 바싹 마른 목을 물로 적실 때, 텅 빈 배 속을 음식으로 채울 때, 즉 잠시 소홀했던 생존 욕구가 충족되었을 때 사람은 가장 행복한 표정을 짓습니다. 그토록 행복한 표정을 부모와 아이가 함께 나눌 수 있다니, 그것이야말로 가장 큰 오락이 아니겠습니까?"

– 바바 야스오, 『디즈니랜드가 일본에 왔다! 엔터테인먼트의 여명(ディズニーランドが日本に来た!「エンタメ」の夜明け)』중에서

'꿈과 마법을 선사한다'는 컨셉을 그대로 받아들이지 않고, 급수대를 '꿈과 마법의 나라에서 행복한 표정을 짓는 소중한 사람의 얼굴을 문득 바라볼 계기로 만든' 것이다. 컨셉을 간접적으로 반영한 형태라 할 수 있지 않을까?

부모 컨셉: 꿈과 마법의 나라

↓

자녀 컨셉:

1. 꿈과 마법을 어떻게 선사할 것인가?

2. 꿈과 마법을 깨트리지 않으려면 어떻게 해야 하는가?

3. 꿈과 마법 속에서 노니는 행복을 어떻게 실감하게 만들 것인가?

↓

급수대라는 변수에는 자녀 컨셉 3번을 반영해 '서로 마주 보고 놓인 급수대'라는 구체적인 방안을 설계한다.

자녀 컨셉은 내가 추측한 내용이지만, 이렇게 사고실험을 하듯이 부모 컨셉을 자녀 컨셉, 손주 컨셉으로 분할해서 변수에 알맞게 적용하는 것도 효과적인 방법이다.

조직의 컨셉이라면 자녀 컨셉, 손주 컨셉이 '조직도와 똑 닮은' 상태가 무엇보다 이상적인 형태일 것이다.

회사의 컨셉

↓

그것을 이어받아

・인사부의 컨셉

・경영기획부의 컨셉

・A사업부의 컨셉

・B사업부의 컨셉

・C사업부의 컨셉

・총무부의 컨셉

- 고객상담센터의 컨셉

- R&D 부문의 컨셉

등등

↓

그 밑에 '각 팀의 컨셉', '개별 프로젝트의 컨셉', '개인의 컨셉'이 이어진다.

모든 구성원이 목표로 삼아야 할 부모 컨셉은 물론 중요하지만, 그것만으로는 너무 막연해서 매일 하는 실무와 괴리가 생길 수도 있다. 그러면 컨셉이 단순히 '액자에 장식된 좋은 말'에 머무르게 될지도 모른다. 그래서는 날마다 우리가 하는 일의 '인식', '척도', '결정'을 바꾸지 못한다.

부모 컨셉을 적절히 번역해 자녀 컨셉과 손주 컨셉을 마련해보자. 그러면 컨셉을 '올바르게 쓰면 효과가 나타나는 도구'로 만들 수 있다. 최근에는 많은 경영자들이 이런 고민을 털어놓는다.

"기업의 사명과 미션을 정하기는 했는데, 결국 무엇이 달라졌는지는 잘 모르겠군요."

그건 자녀 컨셉과 손주 컨셉을 활용해 기업의 컨셉을 현장의 실태와 제대로 연결하지 않았기 때문에 일어나는 문제다.

이와 비슷한 질문 중에 이런 내용도 있다.

"컨셉은 하나의 기획에 여러 개가 있어도 괜찮을까요?"

이에 대해서도 **'여러 컨셉의 부모 자식 관계, 병렬 관계가 컨셉을 사용하는 사람들의 머릿속에 동일한 모양으로 정리되어 있다면 괜찮다'**고 답하고 싶다. 반대로 미묘하게 비슷한 것을 가리키고 있지만 말투가 조금 다르다든지, 어떻게 읽느냐에 따라 반대로 들리는 말이 여럿 포함되어 있다면 컨셉을 정한 본인이 정리를 충분히 하지 못한 탓이다. 무엇보다 왠지 있어 보이는 말만 단순히 나열하는 것은 반드시 피해야 하니 우선은 '부모가 되는 컨셉 하나 정하기'에 집중하자.

컨셉 만다라

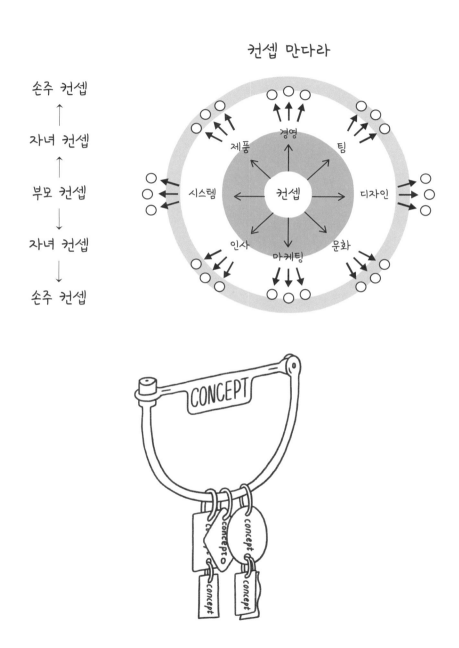

컨셉으로 마음껏 흔들리자

▪ 컨셉을 바탕으로 '덧셈'을 한다

'변수에 컨셉을 반영하는 방법' 그리고 '컨셉의 계층을 정리하는 방법'과 더불어 이번에는 컨셉을 이용해 새로운 아이디어를 내는, 다시 말해 재미있는 아이디어를 생산하는 방법을 잠시 생각해보자.

2장에서 소개한 메밀국숫집의 나폴리탄 이야기를 잠시 떠올려보자. '메밀국숫집이 아니라 국물이 맛있는 집'이라는 컨셉을 정하고 컨셉을 바탕으로 새로운 영역의 재미있는 아이디어를 내놓는다면 어떻게 될까?

이것은 앞서 이야기한 "고객이 원하는 것은 드릴이 아니라 구멍이다"라는 이론과도 비슷한 발상이다. 이 이론을 세상에 소개한 현대 마케팅의 구루 테오도르 레빗은 그보다 먼저 '마케팅 마이오피아', 즉 근시안적 마케팅에 대해서도 이야기했다. 자신들이 제조하고 제공하는 상품에 사로잡힌 발상이 아니라 고객이 정말로 가치 있다고 느끼는 것이 무엇인지를 기준으로 마케팅을 해야 한다는 이야기다.

철도 사업이 아니라 운송업, 영화 산업이 아니라 엔터테인먼트 산업, 필름 사업이 아니라 사진 산업…… 역사상 많은 기업들이 자신들의 사업에 사로잡히지 않고 컨셉을 토대로 기업을 바라보았다면 쇠퇴의 길을 걷지 않았을지도 모른다는 이론이다.

테오도르 레빗의 생각처럼, "메밀국수를 파는 것이 아니라 메밀국수를 만들며 연마한 맛있는 국물을 선보이는 집"이라는 새로운 '인식'을 직원과 단골손님에게 심어주고 새로운 척도로 새로운 결정을 내린다면 무엇을 '덧셈할' 수 있을까? 일반적인 메밀국숫집을 떠올리면 고려하지 않을 내용도 '우리 집은 메밀국숫집이 아니라 국물이 맛있는 집'이니 시도해도 이상하지 않다고 생각하게 된다. 다시 말해 선입견을 뛰어넘은 아이디어가 탄생한다는 것이다.

'국물이 맛있는 집'이라는 컨셉에 따른 덧셈

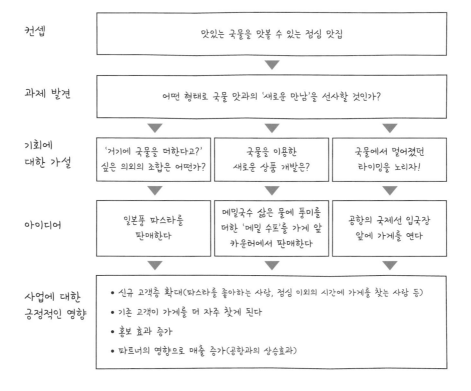

가장 단순한 아이디어는 2장에서도 예로 들었던 '일본풍 파스타'처럼 국물의 가치를 다른 메뉴에 응용하는 방식이다. 메밀국숫집의 카레가 손님에게 인기 있듯이 아직 숨은 가능성은 얼마든지 있다. 또한 메밀국수에 한정해서 생각하면 점심과 저녁 장사로 제한되지만, '국물'로 보면 '간식', '출출한 속을 달랠 음식', '추울 때 먹는 따뜻한 수프' 등과 같이 '점심시간 이외의 시간'도 범주에 들어갈 수 있다.

좀 더 비약해서 생각하면 "가장 국물을 그리워할 사람들은 어디에 있을까?"라는 의문도 발견할 수 있다. 이를 축으로 '국제선 입국장 앞에 가게 열기'처럼 국물이 가장 맛있게 느껴지는 타이밍을 포착하는 아이디어도 낼 수 있다. 이 아이디어들은 모두 기존 상황의 연장선 위에서는 얻을 수 없는 긍정적인 효과로 이어질 가능성이 있다.

여기서 일어나고 있는 사고를 일반화하면 이런 느낌이다.

컨셉을 내건다.

↓

그 제안을 '가장 기꺼워할 사람이나 상황'을 생각하고 찾는다. (가능성 발상)

제안의 사회적 실현을 방해하는 현실이나 반대되는 상황을 찾는다. (과제 발상)

※ 경쟁사가 '범주 밖'이라고 생각해 눈길조차 주지 않는 곳에 오히려 주목한다.

↓

그 결과 지금까지의 고정관념을 가지고 바라보았을 때 '기획의 타깃이라 생각지 않았던 대상'에게 컨셉이 효과를 발휘한다는 가설이 나온다.

↓

거기에서 아이디어와 실제 결과를 만들어나간다.

이런 구조로 생각할 수 있지 않을까?

컨셉에 따라 '우리는 누구인가?', '이 기획은 어디에 속하는가?' 같은 근본적인 바탕이 재구성되면서 기획은 기존의 말과 개념과 틀로는 설명할 수 없는 존재로 발전한다. 그 내용에 충실하게 기회를 찾으면 주변의 경쟁자가 생각지도 못한 새로운 기회를 발견할 수 있고 기존의 '○○가게'라는 이미지에서 벗어나 '오직 나만이 그려낼 수 있는 사회와의 고유한 관계성'을 완성할 수 있다.

이것이 컨셉을 바탕으로 기획을 꾸리는 가장 강렬한 사고법 중 하나다.

⬚ 컨셉을 바탕으로 '뺄셈'을 한다

이번에는 반대로 **'컨셉이 정해졌을 때 무엇을 덜어낼 수 있는지'** 사례를 통해 살펴보려 한다.

일본의 대형 호텔 기업인 호시노 리조트의 최고급 호텔 '호시노야'의 객실에는 대부분의 호텔 객실에 당연하게 설치되어 있는 텔레비전이 없다. 호시노 요시하루 대표는 그 이유를 이렇게 설명했다.

"호시노야의 컨셉은 현대에서 벗어나 압도적인 비일상을 제공하는 것입니다. 그런 곳에 현대 사회의 일상을 상징하는 TV는 있을 필요가 없다고 생각했습니다."

실제로 처음에는 숙박객 설문조사에서 부정적인 반응이 많이 나왔지만, 점차 "이것이 바로 호시노야"라고 좋게 평가하는 이유 중 하나가 되었다고 한다. 호시노야에서는 거기서 조금 더 덜어낸 형태로, 최근에는 체크인 시 프런트에 스마트폰을 맡기는 '디지털 디톡스 스테이'라는 기획까지 진행하고 있다. **컨셉을 토대로 뺄셈을 해서 개성을 더욱 두드러지게 만든** 바람직한 사례다.

컨셉을 토대로 불필요한 요소를 덜어냈을 때 좋은 점은 비용 절감이나 효과 상승 같은 합리적인 면에도 좋은 영향을 줄 수 있다는 점이다. 컨셉을 추구하는 것과 이익을 창출하는 것은 단기적으로는 상반되는 일일 수도 있지만, 컨셉에 맞춘 뺄셈은 결국 '제약과 이상을 양립하게' 만드는 비결일지도 모른다.

덧셈과 뺄셈을 이리저리 거듭하다 보면 기획은 점점 고유한 윤곽을 띠기 시작한다. 기획이란 어떤 것은 형태가 있고 어떤 것은 형태가 없는 다양한 변수의 집합체이므로 실제로는 윤곽이 눈에 보이지 않는다. 그저 보는 사람의 인식 속에 어렴풋이 형성될 뿐이다. 따라서 컨셉이 새로운 인식을 만들고 사람들의 마음속에 '기획의 윤곽'을 심어주기 위해 컨셉을 바탕으로 행동을 거듭해야 한다.

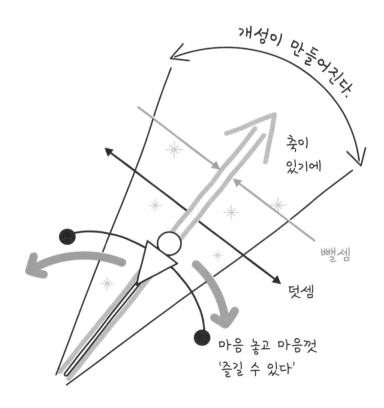

먼저 행동부터 생각하면 안 되는가

■ 행동부터 시작하는 것도 얼마든지 가능하다

선입견(B), 인사이트(I), 비전(V)이라는 세 가지 기점으로 컨셉(C)의 각도를 형성하고 이를 바탕으로 실제 기획의 구체적인 행동(A)을 구상한다. 지금까지 소개한 사고의 순서는 이렇다. 그렇다면 이런 의견은 어떻게 받아들여야 할까?

"컨셉이 없어도 아주 좋은 아이디어가 떠오를 수도 있지 않나요?"

"저는 추상적으로 생각하는 데 서툴러서 구체적으로 생각하는 게 훨씬 편한데요……"

이른바 **'행동부터 생각하면 안 되는가'** 이론이다.

나의 견해는 '전혀 문제없음'이다. 어, 그럼 컨셉은 필요 없는 것 아닌가? 그렇게 생각하는 사람도 있을 것이다.

하지만 내 대답은 '결국은 양쪽 모두 필요하지만, 생각하는 순서는 어느 쪽이 먼저든 상관없다'는 뜻이다.

컨셉(C)과 행동(A)의 관계성은 쉽게 설명하자면 이렇다. **컨셉을 "이를테면 어떤 건데?"로 바꾼 것이 행동이며, 행동을 "요컨대 뭘 하고 싶은 건데?"로 바꾼 것이 컨셉이다.**

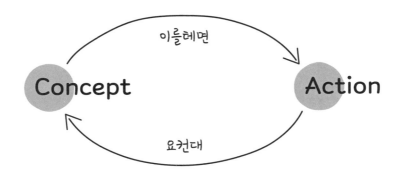

기획이 계속되는 한 컨셉과 행동은 마치 한 쌍이 되어 춤을 추듯이 서로 영향을 주고받으며 끊임없이 빙글빙글 움직인다. 사고하는 과정, 논의하는 과정에서 몇 번이고 왔다 갔다 하면서 점점 날카롭고 예리해지는 이미지라고 할까. 어느 한쪽만 있어서는 안 되고 어느 한쪽을 완전히 정한 다음 다른 쪽으로 넘어가는 것도 아니라 몇 번이고 생각이 오가야만 한다. 직선으로 뻗은 길을 나아간다고 생각하기 쉽지만, 실제로는 **'나선 계단을 빙글빙글 돌며 서서히 올라가는' 느낌으로 임하는 것이 좋다.**

하지만 어느 쪽을 출발점으로 삼는 것이 알맞은지는 사람의 성향이나 특징에 따라 달라진다. 지금까지 소개하지 않은 '행동부터 생각해서 컨셉에 도달하는 방법'도 잠시 살펴보자.

행동부터 생각한다는 것은 거칠게 말하면 '우선 아이디어를 잔뜩 내본 다음 생각하는' 자세라 할 수 있다. 테이블 위에 아이디어가 담긴 수많은 기획안이 좌르륵 놓여 있는 장면이 떠오른다.

또는 성공할 때까지 변수를 조금씩 바꾸어가면서 샘플을 만들고 실험하는 느낌, 마치 가능성을 제비뽑기하는 느낌과 비슷할지도 모른다. 어느 쪽이든 **우선**

실행 횟수를 늘려서 → 출력된 결과들을 둘러보며 어떤 법칙이나 아이디어를 발견하고 → 거기서 나온 아이디어를 바탕으로 의사 결정을 하거나 다시 새 아이디어를 뽑아내는 식이다.

아이디어를 내는 방법은 그것만으로도 책이 몇 권은 나오는 주제이니 자세히 다루지 않고 '아이디어와 컨셉의 관계성'만 잠시 살펴보도록 하자.

🏷 행동에서 출발해 선입견으로 나아가는 길

다양한 아이디어 속에서 선입견(B)을 찾는 방법이란 **'우리 머릿속의 선입견을 우리가 낸 많은 아이디어를 통해 꿰뚫어 보는'** 방법이다.

예를 들어 "완전히 새로운 아이돌을 만들어보자!"라고 마음먹고 여러 아이디어를 내보면, 참신한 아이디어도 있고 구색을 맞추려고 어쩔 수 없이 낸 아이디어도 나오기 마련이다. 우리는 그중에서 무작정 하나를 골라 의사 결정을 내리는 것이 아니라 다음과 같은 부분을 꿰뚫어 보아야 한다.

"그렇다면 우리가 은연중에 '당연한 전제'라 여기는 사실은 무엇인가?"

지금까지 내놓은 모든 아이디어가 '팬은 아이돌을 직접 만날 수 없다'고 전제하는 내용이라면? 이렇게 숨은 전제를 간파하면 고정관념을 뒤집어 새로운 발상을 떠올릴 수 있다.

"아이돌도 직접 만날 수 있다는 대담한 전제를 바탕으로 다시 한번 아이디어를 내보자!"

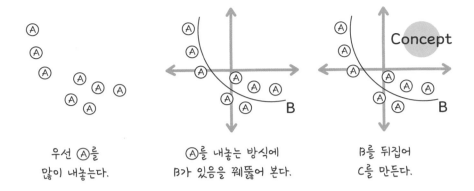

우선 Ⓐ를
많이 내놓는다.

Ⓐ를 내놓는 방식에
B가 있음을 꿰뚫어 본다.

B를 뒤집어
C를 만든다.

두뇌를 활발하게 회전시켜야 해서 나 또한 매일 어렵다고 느끼는 부분이지만,
단순하게 설명하자면 아래와 같다.

많은 아이디어를 둘러보고

대부분이 공유하고 있는 공통된 요소를 찾아낸 다음

그 요소를 기준 삼아 매개변수를 정반대로 옮겨

지금까지 생각해본 적 없는 아이디어를 떠올릴 수 있다.

아이돌의 사례에 대입해보면 이런 내용이 된다.

'새로운 아이돌에 관한 다양한 아이디어'를 둘러보니

대부분이 "아이돌은 만날 수 없다"라는 인식을 전제로 하고 있으므로

'만날 수 없다'라는 요소를 '만남'이라는 척도로 바꾸고

매개변수를 정반대로 옮겨

'언제든 만날 수 있는 아이돌'이라는 새로운 아이디어를 떠올릴 수 있다.

편견에 관한 내용에서 이야기했듯이 자신이 지닌 고정관념을 스스로 알아차리기란 몹시 어렵다. 자기 자신이 직접 아이디어를 낼 때는 객관적인 시선으로 선입견을 찾아내기가 쉽지 않으니 제3자의 관점을 빌리는 것이 좋다. 좀 짓궂은 방법이지만, 실제로 업계에 오랜 시간 몸담아온 사람에게 아이디어를 맡기고 나는 제3자 같은 관점으로 선입견을 찾는 데 집중해본 적도 있다.

젊은 세대와 프로젝트를 함께할 때는 대학생들에게 아이디어 개발을 맡기곤 하는데, 그때 아이디어 자체뿐만 아니라 그들이 어떻게 상황을 파악하고 어떤 가치관을 가지고 있는지도 유심히 들여다본다. 이 또한 유사한 발상이다.

중요한 것은 '아이디어가 좋은가 나쁜가'가 아니다. **아이디어를 떠올리는 과정에서 머릿속에 어떤 인식과 척도와 결정이 꿈틀거리고 있는지를, 즉 사고하는 뇌를 눈여겨보아야 한다.** 그것을 포착하면 "그 인식·척도·결정을 어떤 제안으로 어떻게 바꾸고 싶은가"라는 생각이 곧 컨셉이 된다. 물론 선입견(B)만 가지고 결론을 내리면 고객이 없는 단순한 역투자가 되어버리니 인사이트(I)와 비전(V)도 반영하여 강도를 올려야 한다. 하지만 그것만으로도 이미 멋진 초기 가설이 나왔다고 볼 수 있다.

⌐ 행동에서 출발해 인사이트로 나아가는 길

행동(A)을 기점으로 사람들의 인사이트(I)를 찾는 방법은 '애초에 우리는 **누구의 어떤 마음을 어떻게 만들기 위해 아이디어를 냈는지**'를 다시금 확인하는 방식이다. 처음에는 온전히 정리된 상태에서 아이디어를 내기 시작하더라도, 몹시 흥분하거나 아이디어 발굴에 재미가 붙다 보면 저도 모르는 사이에 목적이 모호해지거나 조금 밖으로 벗어난 아이디어도 책상 위에 오르게 된다. 혼자서 생각하든 여럿이서 생각하든 "누구의 어떤 마음을 어떻게 만들고 싶은가?"라는 의식을 베이스캠프로 정해두면 길을 잃지 않는다.

그러면 "그 사람에게 좋은 미래를 가져다줄 미래란 이 중 무엇일까?"라는 사고로 넘어가게 되고, 그다음으로는 자연히 "그 사람은 애초에 어떤 사람일까? 무슨 일을 할까? 어떤 욕구를 가진 사람일까?"라는 물음에 다다르게 된다.

이처럼 몇 가지 '좋아 보이는 아이디어'를 염두에 두었을 때 어떤 인사이트를 포착하면 아이디어의 효과를 검증할 수 있을지 거꾸로 계산하듯이 인사이트를 찾는 범위가 정해진다.

물론 특정 아이디어가 통하도록 좁은 시야로 증거를 끼워 맞추거나, 자신의 기획이라는 관점에서만 상대를 바라보는 자세가 되지 않도록 주의해야 한다.

가령 아이디어의 '대상'을 실제 인물로 가정했다면, 아이디어를 발굴하겠다는 모드는 잠시 끄자. 그 대신 순수한 호기심으로 그 사람을 알고자 하는 모드에 기어를 넣으면 행동(A)에서 인사이트(I)로 나아갈 수 있다. 그렇게 해서 인사이트를 찾는다면 "누구를 위한 어떤 제안인가?"라는 컨셉의 구성 요소는 이미 마련된 셈이나 마찬가지다.

🗂 행동에서 출발해 비전으로 나아가는 길

이번에는 행동에 대한 다양한 아이디어를 통해 **'내가 본질적으로 원하는 일은 무엇인가', 즉 비전**을 찾아볼 차례다. 단순히 과제를 해결하는 데 유효한지만 생각해서는 아이디어를 통해 비전을 찾을 수 없다. 왜냐하면 그건 '객관적인 사고'로 판단할 수 있기 때문이다. 비전이란 앞서 이야기했듯이 기획자의 주관이 반영된 사회의 이상적인 상태를 가리킨다. 잘 팔리고 관리가 쉽고 새로워 보이기만 해서는 그럭저럭 좋은 아이디어일지는 몰라도 '비전이 담긴 아이디어'라고는 할 수 없다.

핵심은 **'자신의 뜻을 통해 아이디어를 바라보는'** 것이다. 진심으로 하고 싶다고 생각하는지, 자신의 윤리관이나 미의식에 어긋나는 일은 아닌지, 자신이 중요하게 여기는 '사회'의 개선에 제대로 기여하는지. 개인의 의견만 가지고 생각하면 균형을 잃을 수도 있지만, 아이디어를 통해 비전을 찾을 때는 '자의식을 가지고 아이디어를 바라보는' 일도 필요하다.

이럴 때 내가 자주 사용하는 틀이 있다. '느낌'이라는 세로축과 '생각'이라는 가로축으로 사분면을 만든 다음 각각의 축 양쪽에 '좋다', '싫다'를 적으면 된다. 그러면 이런 내용의 사분면이 만들어진다.

이성적으로도 감성적으로도 좋은 아이디어라고 생각한다.
이성적으로도 감성적으로도 좋은 아이디어라고 생각하지 않는다.
이성적으로는 좋다고 느끼지만, 감성적으로는 뭔가 싫은 느낌이 드는 아이디어.
이성적으로는 좋지 않다고 느끼지만, 감성적으로는 뭔가 좋은 느낌이 드는 아이디어.

자신이 생각해낸 아이디어를 사분면에 적용했을 때 가장 유력해 보이는 아이디어는 어떤 면에 해당할까? 이성적으로도 감성적으로도 좋게 느껴지는 아이디어? 물론 거기에는 좋은 아이디어가 많이 포함되겠지만, 자칫하면 나쁜 의미로 '착한 모범생' 같은 아이디어가 모이기 쉬운 영역이기도 하다. 실제로는 그리 새롭지 않거나 반드시 이 기획이어야만 하는 이유가 되지 못할 수도 있다.

나는 늘 **'생각 = 싫다, 느낌 = 좋다'인 제2사분면의 아이디어를 눈여겨본다.** 말로 설명하기는 어렵지만, 왠지 모르게 좋은 느낌이 드는 아이디어 말이다. 지금 당장은 어떤 점이 좋은지 말로 표현하기 힘들거나 이론적으로 생각했을 때 성립하지 않는 아이디어들이다. 지금 이대로는 성공하기 어려울 듯하고 무엇보다 주위 사람들을 설득할 수 없을 것 같은 아이디어.

감성이 '좋다'고 말하는 이유는 무엇일까? 그것이야말로 머릿속에서 선입견과 마찰을 일으키며 찬반양론이 팽팽히 맞서고 있다는 증거이기 때문이다. 지금까지의 상식을 바탕으로 사고하는 '이성적인 자신'이 아니라고 외치더라도 아이디어를 곧장 버리지 않고 눈여겨보는 것이다. 그리고 자신이 왜 이 아이디어에 끌리는지에 대해 말로 표현하다 보면, 반대로 '기획에 대한 자기 자신의 생각과 이상적인 사회의 모습'이 역설적으로 수면 위로 떠오르게 된다. 내가 중요하게 생각하는 것은 바로 이런 부분이었구나, 하고 비로소 깨닫게 되는 느낌이라고 할까.

정말 중요한 부분일수록 멀리멀리 돌아가며 한참 생각을 거듭하다가 가득 찬 컵이 물 한 방울에 흘러넘치듯 어느 순간 깨닫게 되는 느낌. '그 아이디어의 어떤 면이 좋은지' 생각함과 동시에 '왜 자신이 거기에 끌리는지' 돌이켜보자. 자신은 어떤 가치관을 가졌고 무엇을 좋아하며 어떤 사회를 바라는 사람인지 엿볼 수 있을지도 모른다.

물론 그대로 제2사분면에 머물러서는 기획이 되지 못하며 잠시 웃음을 유발하는 즉흥적인 아이디어, 컨셉이 없는 아이디어로 끝나고 만다. 어떻게 하면 제2사분면에서 오른쪽의 '이성적으로도 좋은 아이디어'로 넘어갈 수 있을까? 사실 이 발상 자체가 컨셉이나 다름없다. 우선 어떻게 해야 '이성적으로도 괜찮은 기획으로 손질할 수 있을지' 고민한 다음 제대로 개선에 성공했다면, '요컨대' 지금 우리가 무엇을 바꾸었는지 인식, 척도, 결정의 변화에 이름을 붙여보자. 그것이 곧 컨셉이 된다.

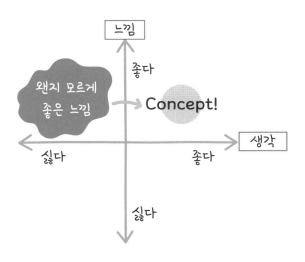

▛ 실제로는 왔다 갔다 하는 과정의 반복

행동의 구체적인 아이디어부터 구상하는 방식에 대해 몇 가지 예를 소개했다. 실제로는 자신의 스타일, 동료의 스타일, 기획의 진행 상황, 문제 해결의 돌파구 등 기획이 놓인 상황에 따라 '왔다 갔다' 꾸불꾸불하며 컨셉의 모양을 찾는 식이다. 과정은 힘들지만 가장 즐거운 시간이기도 하니 가벼운 마음으로 재미있게 컨셉을 찾아보았으면 한다.

컨셉에서 출발하는 사고

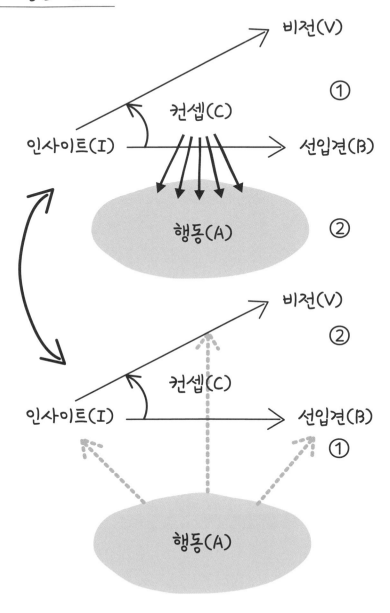

행동에서 출발하는 사고

컨셉의 미래

⬚ 컨셉을 찾는 타이밍

컨셉이 정해지고 기획이 세상에 나오더라도, 기획이 지속되는 한 **컨셉은 '영원한 베타 버전'**이다. 기획의 컨셉이 그대로 유지되느냐 마느냐는 기획자가 아니라 시대나 사회가 결정한다는 뜻이다. 컨셉이 만들어진 배경에 있는 선입견(B)과 인사이트(I)가 급격하게 변화한다면? 비전(V)의 전제였던 사회 상황과 사람들의 가치관이 크게 바뀐다면? 컨셉 또한 변화 없이는 사람들의 인식을 계속 뒤흔들기가 어려울지도 모른다.

실제로 사회의 전제를 뿌리째 뒤흔든 코로나 바이러스라는 재앙을 겪은 뒤 사회는 여러 방면에서 컨셉을 다시 살펴야만 했다. "제3의 장소"를 내걸었던 스타벅스도 배달 서비스를 강화하면서 "집으로 배달하면 제3의 장소가 아니지 않나?" 하고 갈등했을지도 모른다. 하지만 본디 컨셉이란 상대가 그 기획이 존재하지 않던 사회보다 더 큰 행복을 느끼도록 만들기 위한 방침이다. 컨셉을 고집하다가 상대의 행복에 소홀해지면 주객전도나 다름없다. 언제든 자신의 기획과 컨셉(C)이 처한 B·I·V가 어떤 상태인지, 관계성에 큰 변화는 없는지 때때로 확인해야 한다.

물론 컨셉은 기획을 구성하는 요소 중에서도 중심에 자리 잡고 있으니 세상이 조금 변했다고 해서 휙휙 바뀌서는 안 된다. 처음부터 인간이 지닌 욕구의 보편적인 부분도 고려해서 설정하되 보편성까지 뒤흔드는 사회의 변화에는 민감하게 반응해야 한다. 따라서 **'정해두지만 얽매이지 않는' 자세**로 컨셉을 내걸고 기획을 진행하는 것이 좋다.

'전통(傳統)'이라는 말은 본래 '전등(傳燈, 불법의 전통을 스승에게서 제자에게 전하는 일을 등불에 비유한 말-옮긴이)'이라는 글자에서 왔다고 한다. 부처의 제자들이 "부처님이 돌아가시면 저희는 어디에 의지하며 살아가야 하나요?"라고 한탄하자 부처는 "나를 의지하는 것이 아니라 진리와 올바른 진리를 추구하고자 하는 너희의 의지를 등불로 삼거라"라는 가르침을 남겼다는 이야기에서 유래했다. 즉, 뭐든 아무런 생각 없이 받아들이지 말고 그때그때 자신의 일상 속으로 거두어들여 진심으로 즐기는 것은 바람직한 일이며, 그것이야말로 자신이 옳다고 여기는 진리를 추구하는 일이라는 의미다. 적어도 나는 그렇게 해석했다.

실제로 히에이산에 자리한 일본 천태종의 총본산 '엔랴쿠지'에는 본당에 '불멸의 법등'이 놓여 있는데, 이 등불은 덴교대사가 1,200년 전 이 절을 열었을 때부터 지금까지 한 번도 꺼지지 않았다고 한다. 등불을 계속해서 유지하는 유일한 방법은 기름이 떨어지지 않도록 끊임없이 부어주는 것이다. 각각의 시대를 살아가는 새로운 사람들이 늘 새로운 에너지를 부어주어야만 전등을 유지할 수 있다. 그 에너지가 되는 기름은 변화하는 생활에 대응하기 위한 궁리이기도 하고 시대에 따른 의식이기도 하다. 일본어로 방심이나 부주의를 뜻하는 '유단(油斷)'이라는 말도 기름이 떨어졌다는 뜻에서 비롯되었다고 한다.

멋진 컨셉을 찾는 데 성공했다고 해서 방심하고 새로운 시대의 분위기와 에너지를 쏟아붓지 않으면 등불은 금세 꺼져버린다. 마치 정해진 형태 없이 이리저리 흔들리면서도 심지는 변하지 않는 불처럼 계속해서 빛을 발하는 것도 컨셉의 본질일지도 모른다.

▜ 사회 속으로 녹아든다

5장을 마무리하면서 많은 사람이 걱정하는 부분을 잠시 다루어보려 한다. 컨셉은 누구나 쉽게 따라 할 수 있는 것 아닌가 하는 우려 말이다. 말로 이루어진 컨셉은 사실 마음만 먹으면 쉽게 베낄 수 있다. 하지만 이 책을 여기까지 읽은 사람이라면 이미 알다시피 **컨셉이란 "어떤 말을 내걸 것인가"라는 표면적인 이야기가 아니라 기획자의 가치관이나 사회적 이상, 인생에서 느껴온 의문과 분노, 꿈과 희망을 모두 한데 뭉친 결정체다.** 그런 과정을 모두 날리고 결론만 모방하려 한다면, 애초에 그 컨셉을 '온전히 모방하지도 못할' 것이다.

구체적으로 설명하자면 이런 식이다.

- 컨셉에 맞춰 변수를 조정하는 과정에서 구멍이 생겨 이익만 챙기려고 하다가 '메밀국숫집의 나폴리탄 현상'에 빠진다.

- 컨셉에 맞게 기획을 꼼꼼히 손볼 의욕도 이유도 없으니 아무렇지 않게 컨셉을 깨뜨린다.
- 배경이 되는 생각이나 마음가짐이 얕아 설득력이 부족하다 보니 동료의 행동을 바꾸지 못하고 결국 컨셉을 제대로 반영하지 못하게 된다.

물론 모방은 창조를 위한 중요한 과정이며, 지금까지의 인지를 토대로 생각하는 이상 '완벽하게 고유하고 독자적인 컨셉'이란 있을 수 없다. 다만 컨셉이란 단순한 말이 아니며, 컨셉이 제대로 작동한다는 것은 날마다 벌어지는 수많은 의사 결정이 새로운 인식과 척도에 의해 새로운 각도로 변해가는 것을 가리킨다고 거듭 강조하고 싶다.

그리고 **정말 훌륭한 컨셉은 모방할 수 없을뿐더러 사회 전체의 새로운 가치관과 사고방식이 되어 주인의 손을 떠나고 세상에 널리 보급된다.** 스타벅스, 샤넬, 애플의 컨셉도 처음에는 한 기업이 자사의 방향을 결정하기 위해 내건 컨셉이었을지 몰라도 지금은 기업의 소유물이라는 틀을 뛰어넘고 손안에서 벗어나 기업과 관계성마저 완전히 넘어섰다. 이제는 사람들과 사회의 것이 되어 "우리가 바라는 이곳이 아닌 어딘가란 이런 미래다!"라고 어느 한 곳을 가리키고 있다.

그건 곧 '이 세상의 것'이 된다는 뜻이다. 그러나 그 컨셉으로는 더 이상 차별화할 수 없다는 뜻이 아니라, 인류 사회의 보편적인 인식을 최초로 내세운 진원지로서 기획이 오래도록 깊은 존재감을 뿜어낼 것이라는 이야기다.

달리 말하자면 컨셉은 결국 '투명'해진다고도 볼 수 있다. 컨셉을 토대로 기획의 모든 요소를 실현했을 때 컨셉은 더 이상 홀로 등장할 필요가 없어지고 이미 하나의 '완성된 존재'가 된다. 다시 말해 컨셉을 강조하지 않더라도 전하고 싶은 뜻, 느끼게 하고 싶은 감정이 모두 현실이 된 상태라는 것이다. 컨셉을 의식하는 사람은 오로지 경영이라는 관점에서 기업의 뒷이야기를 공부하는 사람들뿐이다. 그런 의미에서 '왠지 모르게 좋은' 느낌은 기획의 대상이 말로 표현하지 못해도 괜찮다고 말할 수 있다.

컨셉의 가장 큰 존재 의의는 '자신의 이상과 타인 또는 사회의 현실을 어느 쪽도 구부리지 않고 같은 방향과 속도로 맞추는' 데 있다. 그건 곧 '이 사회에서 자유롭게 살아가는 일'과 직접적으로 연결되는 기술이 아닐까. 그런 의미에서 컨셉 센스는 그야말로 자유로운 시민의 교양을 위한 학문, 해방을 위한 감성이라 할 수 있다. 지금껏 존재했던 낡은 약속이나 그에 따른 사정이나 형편, 관습, 선입견에 스스로를 옭아매는 사람들을 해방하기 위한 기술이다.

자신이 바라는 일, 하고 싶은 일, 바라보는 이상은 무엇인가?

그것이 내가 아닌 다른 누군가에게도 어떤 면에서 이로운가?

그것은 다른 사람이 하는 일과 차별화된 장점을 지니고 있는가?

비즈니스란 '다른 사람과의 관계'가 모이고 모인 덩어리이며, 그것을 좋은 방향으로 이끄는 기획은 자신과 타인의 관계를 디자인하는 일이기도 하다. 그렇게 생각하면 컨셉에는 처음 말을 꺼낸 이는 있어도 '주인'은 존재하지 않으며, 사회가 골고루 나누어 가졌을 때 비로소 작동하는 것일지도 모른다. 이 책에서 지금까지 살펴본 멋진 컨셉들이 대부분 누군가와 누군가의 새로운 관계를 정의하는 내용이었던 이유도 바로 이런 부분 때문일 것이다.

스스로 새로운 의미를 찾을 줄 아는 사람만이 손에 쥘 수 있는 자유가 있다고 믿고 컨셉을 생각해보자.

제 5 장의 내용 요약

컨셉 만다라

손주 컨셉
↑
자녀 컨셉
↑
부모 컨셉
↓
자녀 컨셉
↓
손주 컨셉

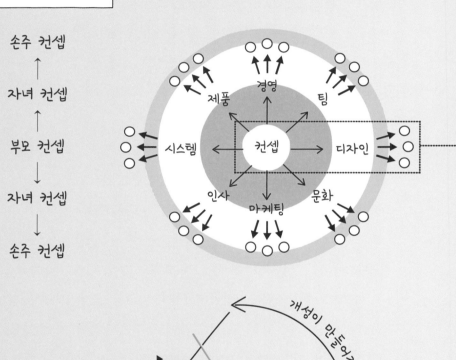

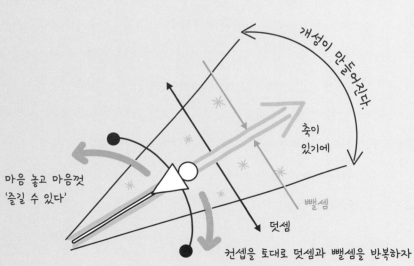

개성이 만들어진다.

축이
있기에

마음 놓고 마음껏
'즐길 수 있다'

뺄셈

덧셈

컨셉을 토대로 덧셈과 뺄셈을 반복하자

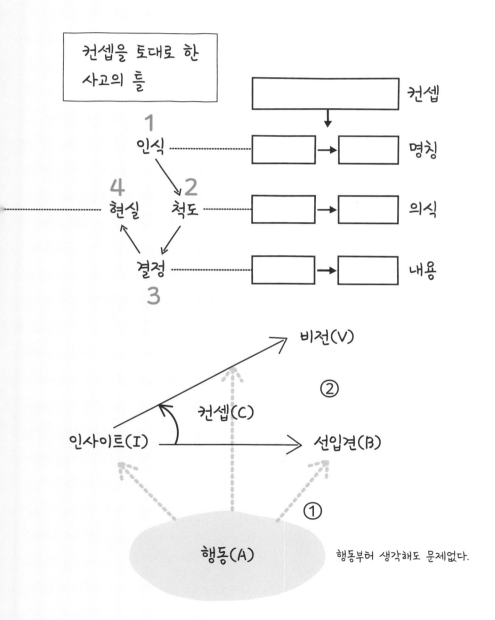

- 컨셉은 '기획을 구성하는 모든 요소'와 관련이 있다. 컨셉 만다라를 만들어 요소 하나하나를 컨셉에 맞게 수정한다.

- 컨셉이 제대로 작동하면 기획의 변수들에도 변화가 생긴다. '명칭이 바뀌어 인식이 달라지고' '의식이 바뀌어 척도가 달라지고' '내용이 바뀌어 결정이 달라진다'.

- 모든 요소를 컨셉에 걸맞게 바꾸기 위해 때로는 '부모 컨셉'에 구체적인 해석을 더해 '자녀 컨셉', '손주 컨셉'을 층층이 정의해야 한다.

- 요소를 컨셉에 맞추어 손질하는 방법으로는 '덧셈'과 '뺄셈'이 있다.

- 먼저 행동(A)부터 생각하고 컨셉을 찾아가는 방법도 충분히 가능하다. 다만 실제로는 행동과 컨셉을 왔다 갔다 하며 시행착오를 거치는 수밖에 없다.

- 컨셉은 '영원한 베타 버전'이다. 컨셉을 다시 점검할 타이밍은 시대나 사회가 결정한다.

- 컨셉은 단순히 '말을 내거는 행위'가 아니라 '기획자의 인생을 바탕으로 한 다양한 가치관, 사상, 감정의 결정체'다. 말을 표면적으로 모방할 수는 있어도 그대로 옮겨서 작동시키기는 어렵다.

- 컨셉은 궁극적으로 기획을 한 당사자의 손을 떠나 사회 속에 녹아들어 투명해진다.

'즐거움'은 '상냥함'으로, 그리고 '새로운 힘'으로
― 맺는말을 대신하여

'이곳이 아닌 어딘가'를 가리키는 나침반을 얻기 위해 컨셉 센스를 알아본 이 책도 어느덧 끝이 다가왔다. 지금 나는 에이스 호텔 교토에서 이 글을 쓰고 있다.

에이스 호텔은 1999년 시애틀에서 처음 문을 열었다. 창업자 알렉스 콜더우드가 음악을 하는 동료들이 머무를 수 있도록 낡은 건물을 개조해 숙소로 만든 데서 시작되었고 2023년 기준 전 세계에 9개의 호텔을 두었다. 에이스 호텔은 어떤 곳에서든 현지의 공동체와 긴밀한 관계를 유지하며 음악과 예술 이벤트를 열고 현지인과 여행객이 모여 교류하는 공간으로 자리 잡고 있다.

일본에는 2020년 교토에 처음 상륙하여 '신풍관' 안에 포함된 형태로 문을 열었다. 신풍관은 1926년에 건축된 옛 교토중앙전화국을 건축가 구마 겐고의 지휘에 맞춰 재개발한 상업 시설이다.

에이스 호텔 교토에는 포틀랜드에 본사를 둔 카페 '스텀프타운 커피 앤드 로스터스'가 입점해 있는데, "East meets West"라는 에이스 호텔의 컨셉처럼 이 카페에는 일본 염색공예 작가 유노키 사미로의 폰트로 만든 안내 사인이 놓여 있다. 교토에 자리하면서도 지금까지 교토에 존재하지 않았던 새로운 느낌을 거리에 불어넣은 호텔이기 때문에, 컨셉을 사랑하는 나에게는 특히 더 애정이 가는 곳이다.

호텔 카드 키의 커버에 "East meets West"라는 컨셉을 적었다.

에이스 호텔의 컨셉은 그 밖에도 몇 가지가 더 있다.

"Old & New"

"Together but Apart"

"Local × Worldwide"

"Private × Community"

언뜻 보면 모순되어 보이는 두 개념 '사이'에서 새로운 방식을 찾는다는 의의식이야말로 에이스 호텔의 가장 근본적인 컨셉일지도 모른다. '한쪽을 세우면 다른 한쪽이 무너진다는' 사람들의 믿음에 의문을 가지고 가뿐히 제3의 해답이 되는 컨셉을 내걸어 사람들이 모여드는 새로운 공간을 만들어내는 것. 내가 컨셉의 이상적인 형태라 생각하는 모습이다.

이 책에서는 컨셉의 가장 큰 효과를 '즐길 수 있게' 되는 것이라고 정의했다.

날마다 마음속에 즐거움을 느끼면, 사람들의 경직된 마음이 부드럽게 풀어져 낯설고 새로운 발견도 "그것도 괜찮네!" 하고 받아들일 수 있게 된다.

그렇다. 즐거움은 상냥함이 된다.

그리고 앞으로 다가올 시대에 필요한 것은 그런 '상냥한 컨셉'이다. "꼭 이것이어야만 해!", "다른 건 전부 다 엉망이야!"라고 주장하며 타인을 밀어내고 혼자 우뚝 서려 하는 컨셉은 싫다. 많은 사람에게 고통과 고뇌를 안겨주고 서로 대립하게 만드는 **낡은 약속을 깨고, 새로운 지평으로 사회를 이끌고 갈 즐거움과 상냥함을 띤 컨셉이 좋다.**

안타깝게도 요즘은 상냥함과 반대되는 '분단'이라는 말이 날이 갈수록 더 자주 눈에 띈다. 자신과는 전혀 상관없는 일이라는 생각을 어떻게 뛰어넘을 수 있을까. 그러려면 '컨셉을 통한 힘의 결집'이 필요하다.

지금 다양한 업계에서 '매출 상승을 위한 방안'들이 제대로 효과를 발휘하지 못하게 된 이유는 그 방법들이 타인과의 대립을 전제로 하기 때문이다. 전쟁 후 부흥을 이룩하고 세계 경제 대국이 된 이후 사회가 돈벌이 이외의 컨셉을 찾지 못하고 신음하게 된 것이 어쩌면 지금의 현실일지도 모른다. '잃어버린 30년(1990년대 이후 일본의 장기적인 경제 불황을 일컫는 말-옮긴이)' 동안 일본인이 잃어버린 것은 컨셉을 기반으로 생각하고 행동하는 자세라는 생각마저 든다.

챗지피티는 '정답'의 품질을 민주화할지도 모른다. 그렇기에 앞으로 인간에게는 '감정'과 '의지'를 스스로 만들어낼 수 있느냐가 더욱 중요해질 거라고 아들을 돌보며 때때로 생각한다. '어떻게 해야 하는가'가 아니라 '어떻게 하고 싶은가'. 그것을 일방적으로 결정하지 않고 어떻게 타인 그리고 사회와 상조하는 관계로 승화할 수 있을까. 이쪽도 저쪽도 모두 세워 '이곳이 아닌 어딘가'를 거짓과 추측, 현실과 형편을 뛰어넘어 마음껏 상상할 수 있다면 얼마나 좋을까.

문득 한 프로젝트에서 큰 도움을 받았던 후모토 겐고 대표의 말이 떠오른다. 그는 아마미오시마라는 섬에서 15년 이상 전부터 지역 라디오 방송을 진행해온 'NPO법인 디(D)!'의 대표다.

사랑의 반대말은 '정의'라고 생각합니다. 정의는 사람을 '저쪽'과 '이쪽'으로 나누죠. 그렇게 둘로 나누기 때문에 좋지 않은 일들이 일어납니다. 어떻게 하면 '저쪽'과 '이쪽'을 만들지 않고 하나가 될 수 있을까. 그걸 위해서 섬의 모든 주민에게 라디오 방송을 전해왔습니다.

섬 안에도 '번화가와 작은 마을', '계속 머무른 사람과 도시로 떠났다가 다시 돌아온 사람', '세대' 등 여러 '이쪽과 저쪽'이 존재한다. 그런 분단에 맞서온 후모토 대표의 상냥함과 각오가 말 한마디 한마디에서 느껴졌다. '가치관을 하나로 만들어 하나가 되는' 것이 아니라 '다름을 존중한 채 서로를 이해하기 위해 느슨하게 나누어 가질 수 있는 가치관은 무엇인지'가 더욱 중요하다고 실감했다. 거기에는 전략이나 문제 해결보다도 즐거움의 폭을 더 넓힐 수 있는 컨셉이 도움이 되리라 믿는다.

일본은 100년 이상 이어져온 전통 있는 기업이 세계에서 가장 많은 나라다. 또한 섬나라 특유의 독자적인 가치관과 철학, 강대국들과의 역사를 통해 얻은 절충과 조화의 힘이 나는 무척 마음에 든다. 무엇보다 인간 이외의 생물이나 무기물, 자연 현상에서도 인격을 찾는 다신교와 애니미즘의 세계관은 모든 존재에 존중해야 할 인격이 있으며 그들과 공존하기 위한 방법을 모색해야 한다는 뜻을 담고 있다. 그야말로 컨셉 센스가 그대로 살아 있는 문화적 배경이 아닐까.

예술가 오카모토 다로는 내가 존경하는 컨셉의 창조자 중 한 명인데, 그중에서도 '태양의 탑'에 얽힌 에피소드가 가장 인상 깊다. 태양의 탑은 1970년 오사카 만국박람회를 상징하는 커다란 탑으로 오카모토 다로가 직접 디자인했다. 오사카 만국박람회의 컨셉은 "인류의 진보와 조화"였다. 오카모토 다로 또한 당연히 그 컨셉에 걸맞은 상징물을 제작해야 했지만, 그는 컨셉에 대해 의문을 드러냈다.

오른쪽 상단 문구: 인류의 진보와 조화

도대체 진보란 무엇인가.

반대로 우리는 자신의 진정한 삶,

우리 생명의 전체성,

그리고 육체의 전체성을

잃어버리지 않았는가.

나는 그렇게 진심으로 진보에 의문을 품고 있다.

- 영화 「태양의 탑」 중에서

미래를 상징하는 건물들이 늘어선 만국박람회 회장 밖에는 당시 어떤 일본이 펼쳐져 있었던가. 서구를 따라잡고 추월해 고도 경제 성장을 이루었으나, 공해 문제로 대표되는 다양한 폐해가 또렷이 드러나고 있었다. 오카모토 다로는 단순히 서양 문화를 추구하는 길에도, 그렇다고 5층탑 같은 일본의 전통으로 달아나는 길에도, 어느 쪽에도 해답은 없다고 생각했다. 일본인이 오랜 세월 동경한 서양의 멋인가, 일본의 멋인가. 오카모토 다로는 이런 두 가지 생각에서 벗어난 무언가를 지향했다.

5층탑이 아닌 일본. 뉴욕, 파리의 그림자가 아닌 일본.

태양의 탑이 지닌 사상에 대해 실제로 오카모토 다로가 언급한 부분이다. 조몬토기(일본의 신석기 시대에 사용된 토기-옮긴이)까지 거슬러 올라가 주술적인 불길함, 노골적인 생명력에서 실마리를 얻어 만든 태양의 탑은 수렵 시대의 늠름한 삶의 방식, '원시 사회의 존엄', '생명력의 역동성'을 표현했다. 직선적이고 세련되었으나 어딘가 단조롭고 비슷비슷한 미래가 늘어선 만국박람회의 건물들 사이에서 "미래란 이런 것이다"라는 선입견을 포착하고 "선사 시대의 마음을 떠올려라!"라는 컨셉을 새로이 제시한 것이 아니었을까.

50년 이상 시간이 흐른 지금 당시 박람회가 열렸던 오사카 스이타시의 만박기념공원에는 오직 태양의 탑만이 고스란히 남아 있다. 오카모토 다로는 아무리 당시의 지식인들이 눈썹을 찌푸려도, 주변 건물들과 어울리지 않아도, **자신의 심미안으로 무엇을 '좋다'고 판단해야 할지 세상에 물었다. 후세에 길이 남을 그토록 강렬한 컨셉도 사실은 우리가 생각하는 '이곳이 아닌 어딘가'라는 위화감에서 시작된 것이다.**

이 책은 처음부터 끝까지 한결같이 '사람'을 이야기해왔다. 사람이 무엇에 위화감을 느끼고 무엇을 당연하다고 생각하며 어떤 마음을 스스로도 깨닫지 못하고 억누르며 어떤 이상을 가지고 있는지, 줄곧 사람에 관한 이야기였다.

알프레드 아들러가 말하기를, 인간의 고뇌는 모두 인간관계에 대한 고민이라고 했다. 그렇다면 컨셉에 의지해 사람과 사람의 관계성을 지금과 다른 상냥한 지평으로 이끌 수 있다면 인생이 훨씬 편안해지지 않을까. 즐거움이 깃든 삶의 방식을 통해 상냥함을 만들어내는 것. 그것이 앞으로 찾아올 미래에 필요한 새로운 강함일지도 모른다.

인터뷰에 도움을 준 컨셉의 달인들. 내용에 관해 조언을 건네준 모든 분. 사례를 소개할 수 있도록 협력해준 많은 분. 그들의 온기 덕에 책을 끝까지 집필할 수 있었다. 마음 깊이 감사드린다. 그리고 무엇보다 바쁜 일상 속에서 집필에 시간과 노력을 들일 수 있었던 것은 모두 아내의 덕이며 그동안 건강하고 즐겁게 생활해준 아들 덕분이다. 두 사람의 상냥함과 강함이 있었기에 책을 완성할 수 있었다.

또한 이 책은 내가 지금껏 의지해온 컨셉의 거인들 덕에, 그리고 우연히 타이밍이 맞았기에 그들의 어깨 위에서 핵심을 담아낼 수 있었던 것이라고 생각한다. 이 책도 언젠가 누군가가 오를 '거인의 어깨' 중 일부가 된다면 더할 나위 없이 기쁘겠다.

혹은 이 책의 내용이 '부수어야 할 고정관념'으로써 새로운 컨셉을 낳는 계기가 된다면 그보다 기쁜 일은 없을 것이다. 책을 읽은 여러분의 인식을 바꾸고 척도를 뒤흔들고 지금까지 하지 못했던 결정을 조금 다른 방향으로 해보겠다고 마음먹는 계기가 되면 좋겠다. '이곳이 아닌 어딘가'를 갈망하는 동지로서 여러분과 함께 컨셉 르네상스를 일으키고 싶다. 그러니 사소한 감상이든 강연 요청이든 뭐든 좋으니 'X(트위터)' 등을 통해 마음 편히 말을 걸어주기를 바란다.

마지막으로 여러분의 '이곳이 아닌 어딘가'로 떠나는 항로에 행운이 가득하기를 진심으로 기원하며 글을 마치려 한다. 상냥하고 따뜻한 컨셉이 강함을 낳으며, 강하고 따스한 사람이야말로 진정으로 자유로워질 수 있다고 믿으며.

May the concept be with you.

요시다 마사히데

참고문헌

서적

『日本の美意識で世界初に挑む』(細尾真孝、ダイヤモンド社、2021年)

『WHYから始めよ! ―インスパイア型リーダーはここが違う』(サイモン・シネック、日本経済新聞出版、2012年)

『老舗の流儀 虎屋とエルメス』(黒川光博・齋藤峰明、新潮社、2016年)

『コンセプトのつくり方』(山田壮夫、朝日新聞出版、2016年)

『きみの人生に作戦名を。』(梅田悟司、日本経済新聞出版、2022年)

『Who you are ―君の真の言葉と行動こそが困難を生き抜くチームをつくる』(ベン・ホロウィッツ、日経BP、2020年)

『笑える革命 ―笑えない「社会課題」の見え方が、ぐるりと変わるプロジェクト全解説』(小国士朗、光文社、2022年)

『コンセプトメイキング ―変化の時代の発想法』(高橋宣之、ディスカヴァー・トゥエンティワン、2007年)

『突破するデザイン』(ロベルト・ベルガンティ、日経BP、2017年)

『異彩を放て。 ―「ヘラルボニー」が福祉×アートで世界を変える』(松田文登・崇弥、新潮社、2022年)

『「ない仕事」の作り方』(みうらじゅん、文春文庫、2018年)

『レゴ ―競争にも模倣にも負けない世界一ブランドの育て方』(蛯谷敏、ダイヤモンド社、2021年)

『ビジネスの未来 ―エコノミーにヒューマニティを取り戻す』(山口周、プレジデント社、2020年)

『ニュータイプの時代 ―新時代を生き抜く24の思考・行動様式』(山口周、ダイヤモンド社、2019年)

『マイノリティデザイン ―弱さを生かせる社会をつくろう』(澤田智洋、ライツ社、2021年)

『マーケット感覚を身につけよう ―「これから何が売れるのか?」わかる人になる5つの方法』
(ちきりん、ダイヤモンド社、2015年)

『世界観をつくる ―「感性×知性」の仕事術』(山口周・水野学、朝日新聞出版、2020年)

『ジョブ理論 ―イノベーションを予測可能にする消費のメカニズム』
(クレイトン・M・クリステンセン、ハーパーコリンズ・ジャパン、2017年)

『スープで、いきます ―商社マンがSoup Stock Tokyoを作る』(遠山正道、新潮社、2006年)

『岩田さん ―岩田聡はこんなことを話していた。』(ほぼ日刊イトイ新聞、株式会社ほぼ日、2019年)

『世界をつくった6つの革命の物語』(スティーブン・ジョンソン、朝日新聞出版、2016年)

『SHIFT:イノベーションの作法』(濱口秀司、ダイヤモンド社、2019年 ※電子書籍のみ)

『会話を哲学する ―コミュニケーションとマニピュレーション』(三木那由多、光文社新書、2022年)

『新装版「エンタメ」の夜明け ―ディズニーランドが日本に来た日』(馬場康夫、講談社＋α文庫、2015年)

『世界史を俯瞰して、思い込みから自分を解放する 歴史思考』(深井龍之介、ダイヤモンド社、2022年)

『センスは知識からはじまる』(水野学、朝日新聞出版、2014年)

『僕は君たちに武器を配りたい』(滝本哲史、講談社、2011年)

『センスメイキング』(クリスチャン・マスビアウ、プレジデント社、2018年)

『柚木沙弥郎のことば』(柚木沙弥郎ほか、グラフィック社、2021年)

『コンセプト・メーキング 私の方法』(坂井直樹、産能大学出版部、1991年)

『自分の中に毒を持て〈新装版〉』(岡本太郎、青春文庫、2017年)

『ふたつめのボールのようなことば。』(糸井重里、ほぼ日文庫、2015年)

『ウォルト・ディズニーに学ぶ七転び八起き経営』(パット・ウィリアムズ、ネコパブリッシング、2006年)

『茶 利休と今をつなぐ』(千宗屋、新潮新書、2010年)

『星野リゾートの教科書』(星野佳路、日経BP、2014年)

『HARD THINGS』(ベン・ホロウィッツ、日経BP、2015年)

『アラン・ケイ』(アラン・C・ケイ、アスキー、1992年)

『ディズニー　夢の王国をつくる』(マーティ・スクラー、河出書房新社、2014年)

『ぼくとビル・ゲイツとマイクロソフト　―アイデア・マンの軌跡と夢』(ポール・アレン、講談社、2013年)

『スターバックス成功物語』(ハワード・シュルツ、日経BP、1998年)

『シャネル ―人生を語る』(ポール・モラン、中公文庫、2007年)

『コンセプトのつくりかた』(玉樹真一郎、ダイヤモンド社、2012年)

『スペクテイター最新号(50号)特集：まんがで学ぶ メディアの歴史』(有限会社エディトリアル・デパートメント、2022年)

『天才の思考　高畑勲と宮崎駿』(鈴木敏夫、文春新書、2019年)

『「課題先進国」日本―キャッチアップからフロントランナーへ』(小宮山宏、中央公論新社、2007年)

『世界を変える寄り道　ポケモンGO、ナイアンティックの知られざる物語』(川島優志、日経BP、2021年)

『T.レビット　マーケティング論』(セオドア・レビット、ダイヤモンド社、2007年)

웹사이트

スノーピーク　コーポレートサイト　https://ir.snowpeak.co.jp/business/

ダイヤモンドオンライン『「電波少年」の土屋Pが断言！　報連相からイノベーションは生まれない』
https://diamond.jp/articles/-/295667

現代ビジネス『「ありえない、いらない、ウケない」は大歓迎―星野リゾート、反対を"快感"に変える「独自スタンス」』
https://gendai.media/articles/-/45966

映画『太陽の塔』　https://taiyo-no-to-movie.jp/

GQ Japan「AKB48プロジェクトの創造者、秋元 康が、いまの日本の、おもしろさを語る」
https://www.gqjapan.jp/life/business/20120305/akb48

YOLU 夜間美容　https://yolu.jp/

神山まるごと高専 オフィシャルサイト　https://kamiyama.ac.jp/

慶應義塾大学湘南藤沢キャンパス オフィシャルサイト　https://www.sfc.keio.ac.jp/

집필에 협력해주신 분들

인터뷰를 통해 컨셉에 관한 이야기를 들려주신 분들　아베 고타로 님, 우시쿠보 단 님, 감바라 잇코 님, 구니미 아키히토 님, 다카하시 신페이 님, 쓰다 요시오 님, 요코이시 다카시 님

사례를 소개할 수 있도록 협력해주신 분들　소노다 교스케 님, 우가에리 요헤이 님, 후루쿠보 류토 님

이 책에 관해 의견을 들려주신 분들　오스가 료스케 님, 가와구치 마미 님, 고바야시 루리 님, 시바타 겐토 님, 시마미야 사키 님, 나베시마 준이치 님, 나미히라 유키노 님, 야마자키 간나 님, 무라타 마사토 님, 모로에 도모키 님